CARTE
DES GRANDES LIGNES NAVIGABLES
DE LA
FRANCE.

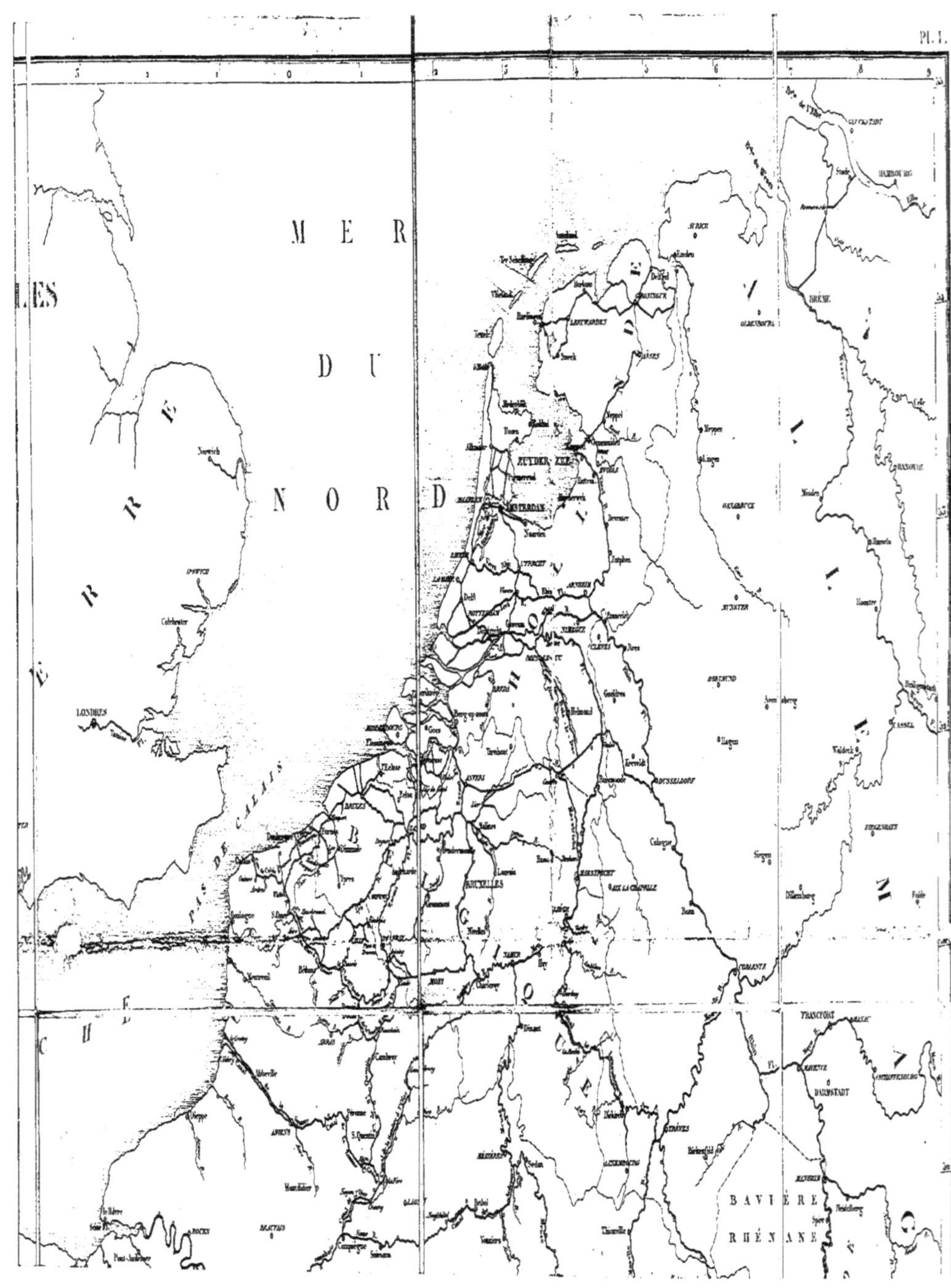
MER
DU
NORD
PAS DE CALAIS
ANGLETERRE
LONDRES
Norwich
IPSWICH
Colchester
ZUYDER-ZÉE
AMSTERDAM
Leeuwarden
Harlingen
ROTTERDAM
Delft
Utrecht
ARNHEM
CLEVES
BRUXELLES
LIÉGE
NAMUR
AIX LA CHAPELLE
DUSSELDORF
Cologne
Bonn
GUELDRE
MUNSTER
OSNABRUCK
BREME
OLDENBOURG
Meppen
Osnabruck
Minden
Hagen
Waldeck
BAVIÈRE
RHÉNANE
DARMSTADT
FRANCFORT
STRASBOURG
Sedan
THIONVILLE
Montreuil
Abbeville
Dieppe
Le Hâvre
AMIENS
S. Quentin
Montdidier
Compiègne
Beauvais
ARTOIS
FLANDRE
Calais
St. Omer
Lille
Ypres
Douai
BRABANT
HAINAUT
Mons
Charleroi

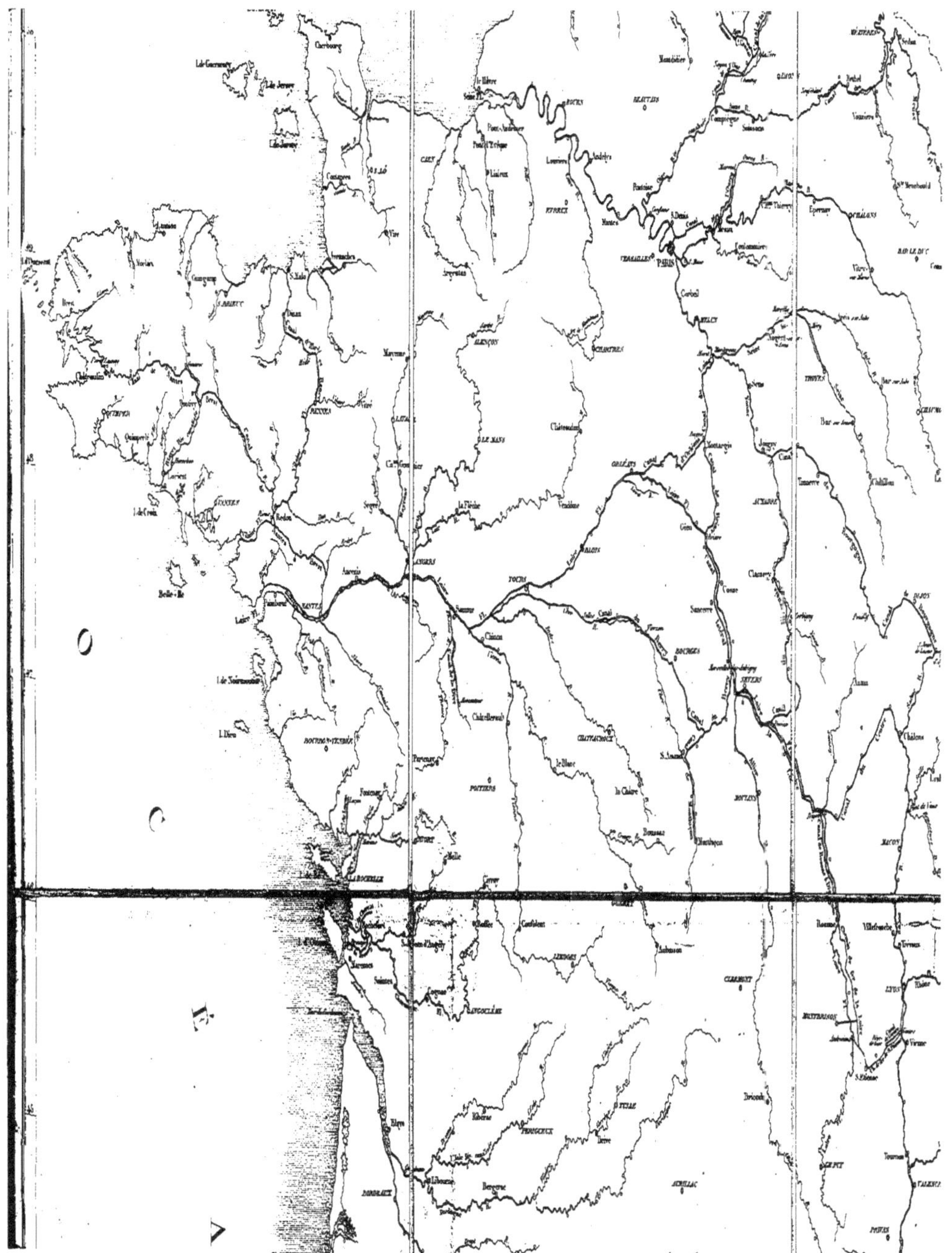

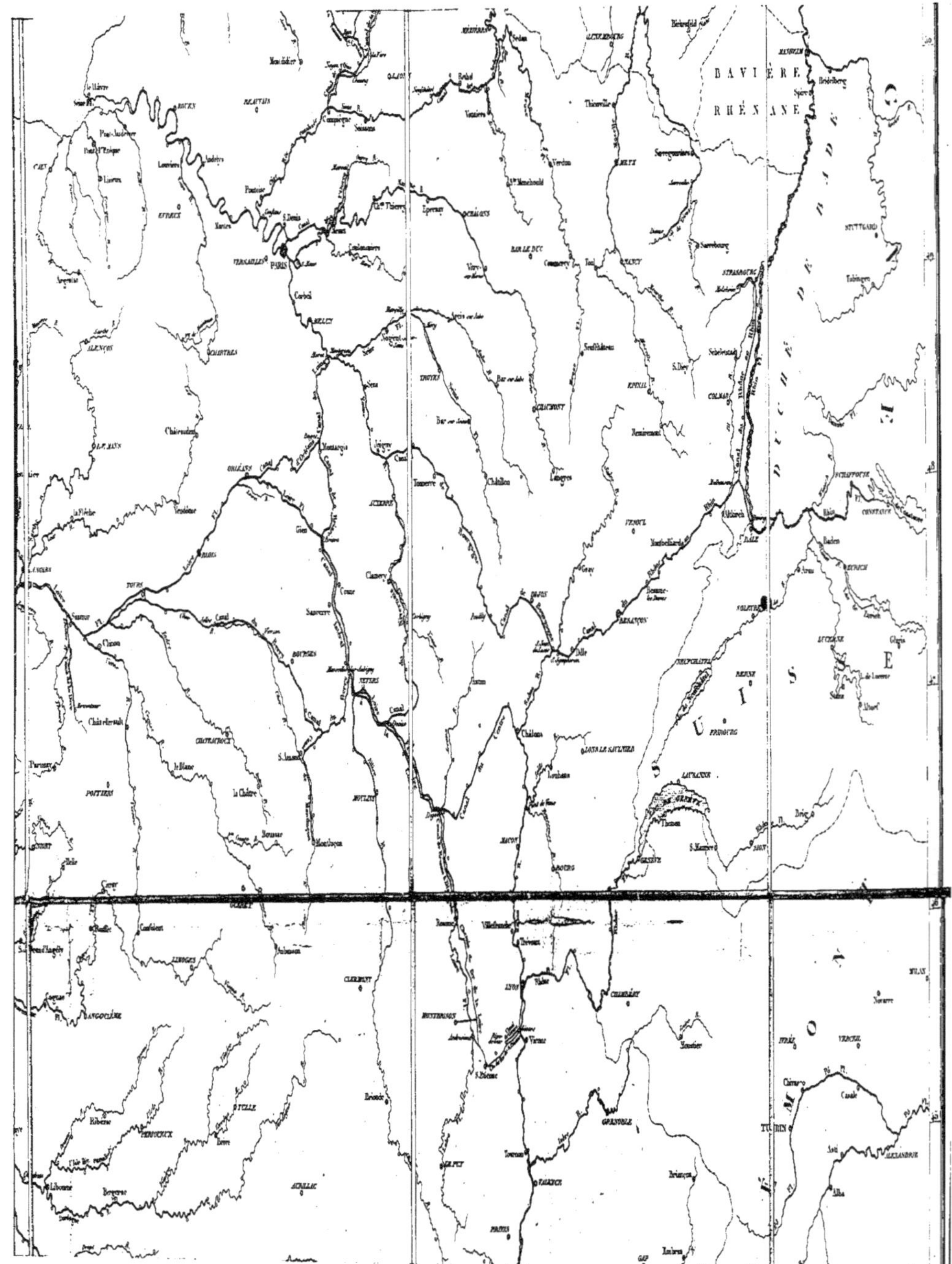

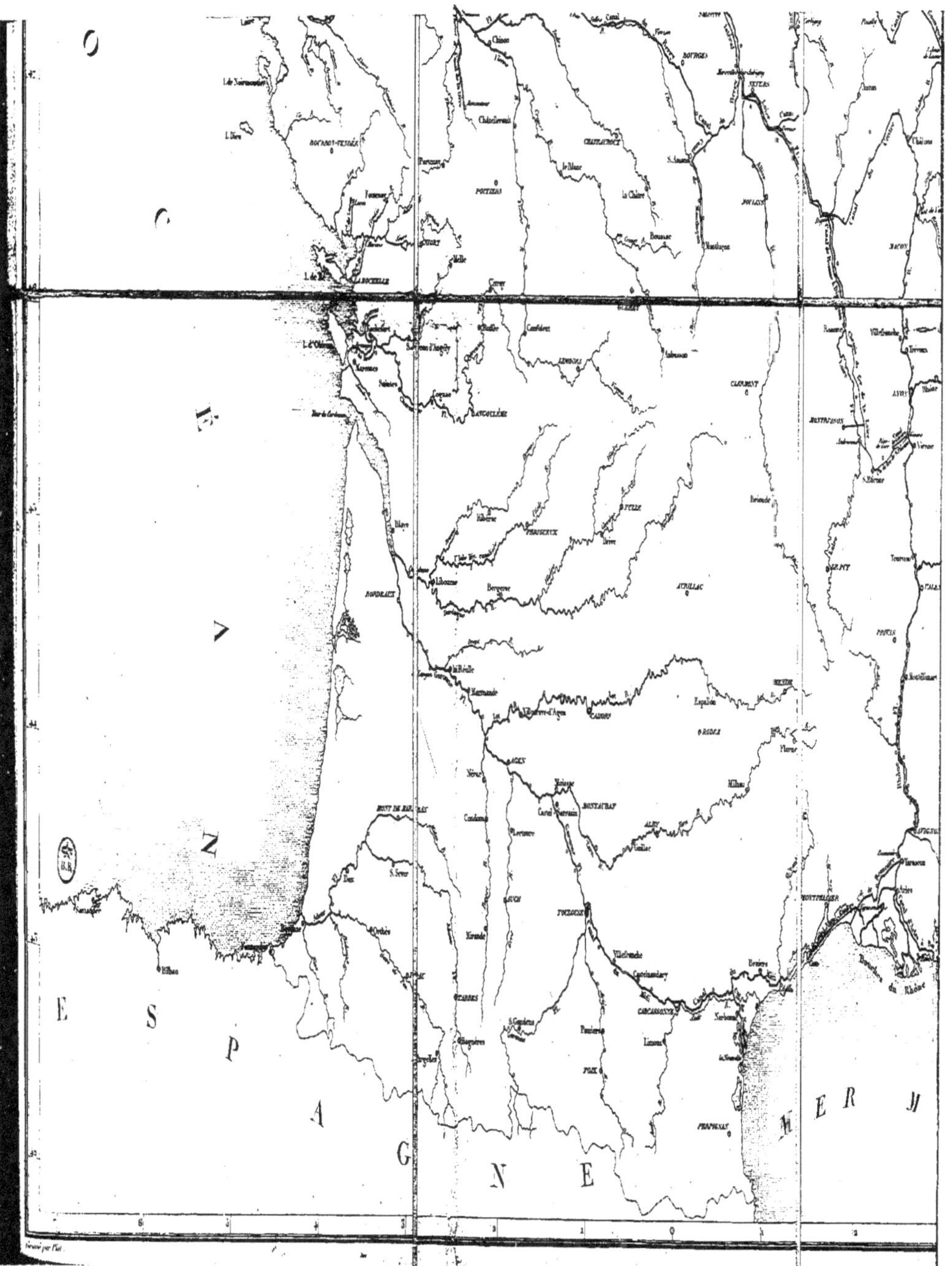
O
BOURGES
POITIERS
CHATEAUROUX
LIMOGES
CLERMONT
BORDEAUX
AURILLAC
LYON
ESPAGNE
MER MÉDITERRANÉE
LA ROCHELLE
ANGOULÊME
PÉRIGUEUX
PUY
CAHORS
RODEZ
MENDE
AGEN
AUCH
TOULOUSE
ALBI
MILLAU
MONTPELLIER
CARCASSONNE
NARBONNE
FOIX
PERPIGNAN
Bayonne
Bilbao
Dax
Tarbes
Pamiers
Limoux
Béziers
Bordeaux
Libourne
Bergerac
Brive
Tulle
Espalion
Montauban
Villefranche
Castelnaudary
Mont de Marsan
S. Sever
Orthez
Condom
Nérac
Marmande
la Réole
Blaye
Saintes
Royan
Niort
Melle
Chinon
Châtellerault
Clouvé
B. R.
Gravé par Plot.

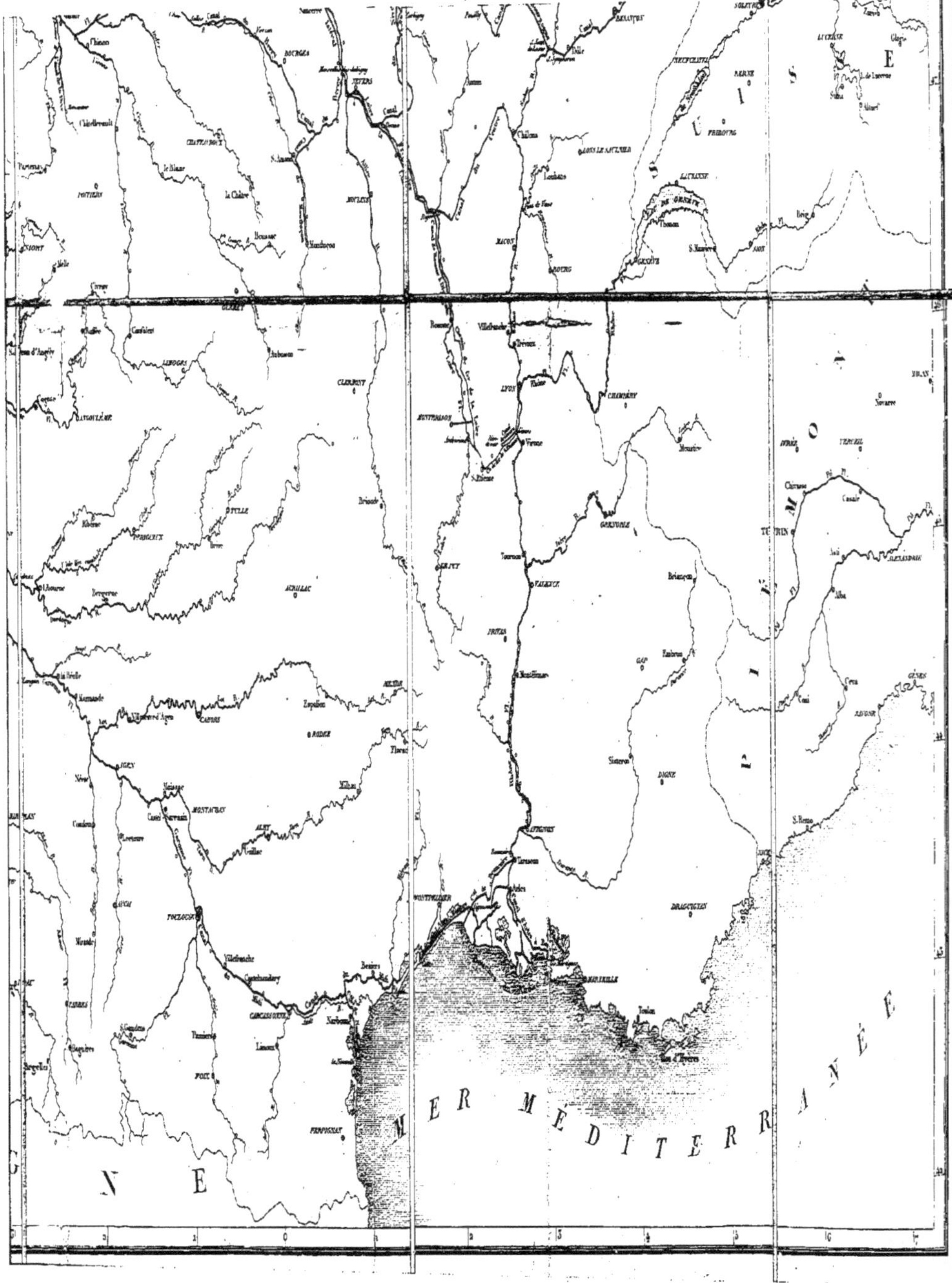

MER MÉDITERRANÉE
LYON
CLERMONT
AURILLAC
RODEZ
MONTPELLIER
NARBONNE
PERPIGNAN
TOULOUSE
CARCASSONNE
MONTAUBAN
AGEN
VALENCE
GAP
DIGNE
DRAGUIGNAN
MARSEILLE
CHAMBÉRY
BOURGES
POITIERS
ANGOULÊME
PÉRIGUEUX
LIMOGES
GUÉRET
BERGERAC
CAHORS
FOIX
TURIN
ALEXANDRIE

(N.º) Les Lignes Rectangulaires et les Chiffres placés à leurs angles, indiquent les Cartes de l'Académie aux-quelles ce Plan se rapporte.
PROFIL DU CANAL LATERAL A
Embranchement du Canal de Roanne à Digoin.

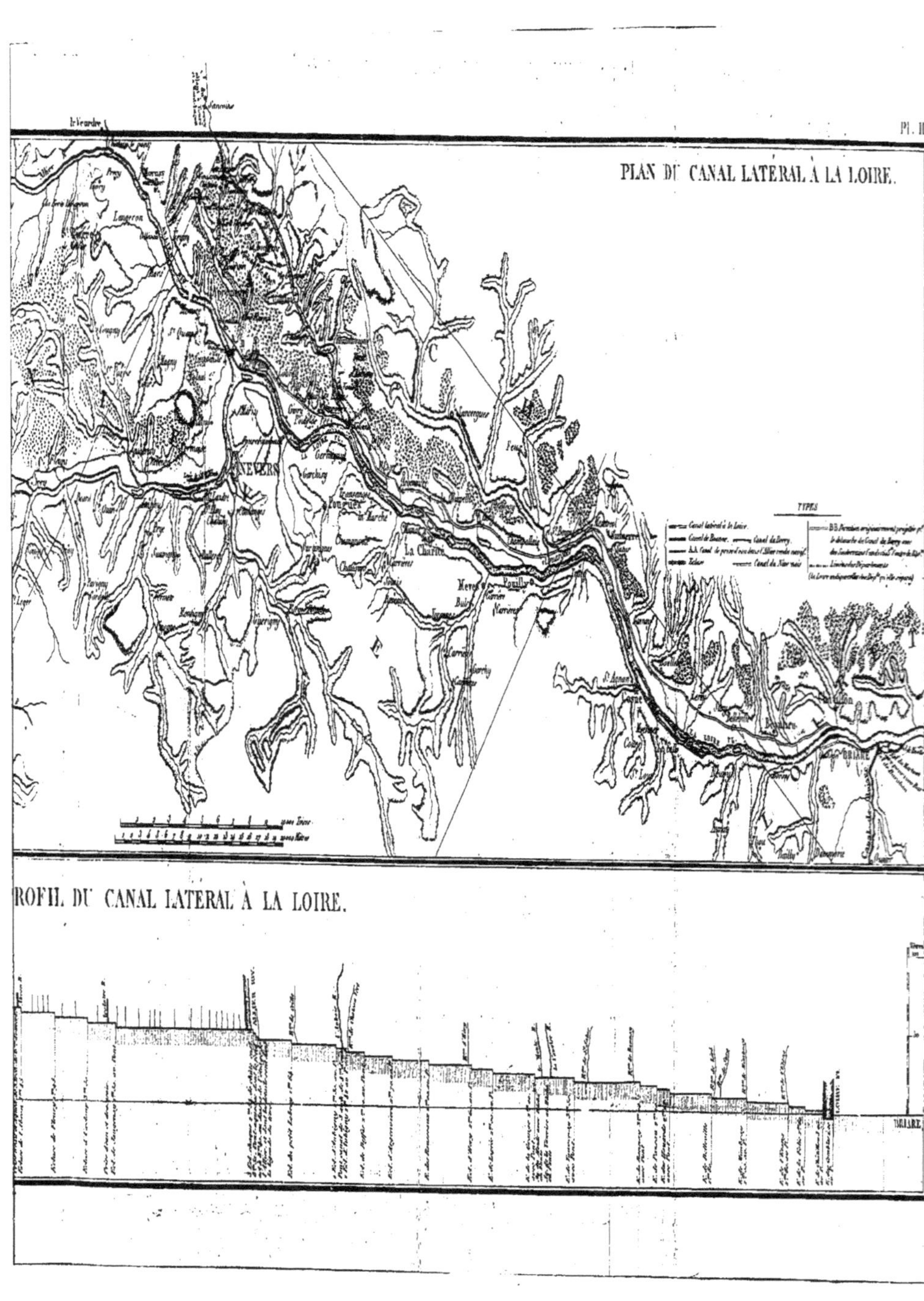

PLAN DU CANAL LATÉRAL À LA LOIRE.
TYPES
Canal latéral à la Loire.
Canal de Roanne. Canal du Berry.
A.A. Canal de percé d'eau dans l'Allier rendu navig.t
Loire Canal du Nivernais
BB. Portion originairement projetée p.r
le débouché du Canal du Berry et
des souterrains d'embranch.t vers le Sud.
Limites des Départements
(la Loire indiquée alla des Dép.ts qu'elle sépare)
PROFIL DU CANAL LATÉRAL À LA LOIRE.
DRIARE

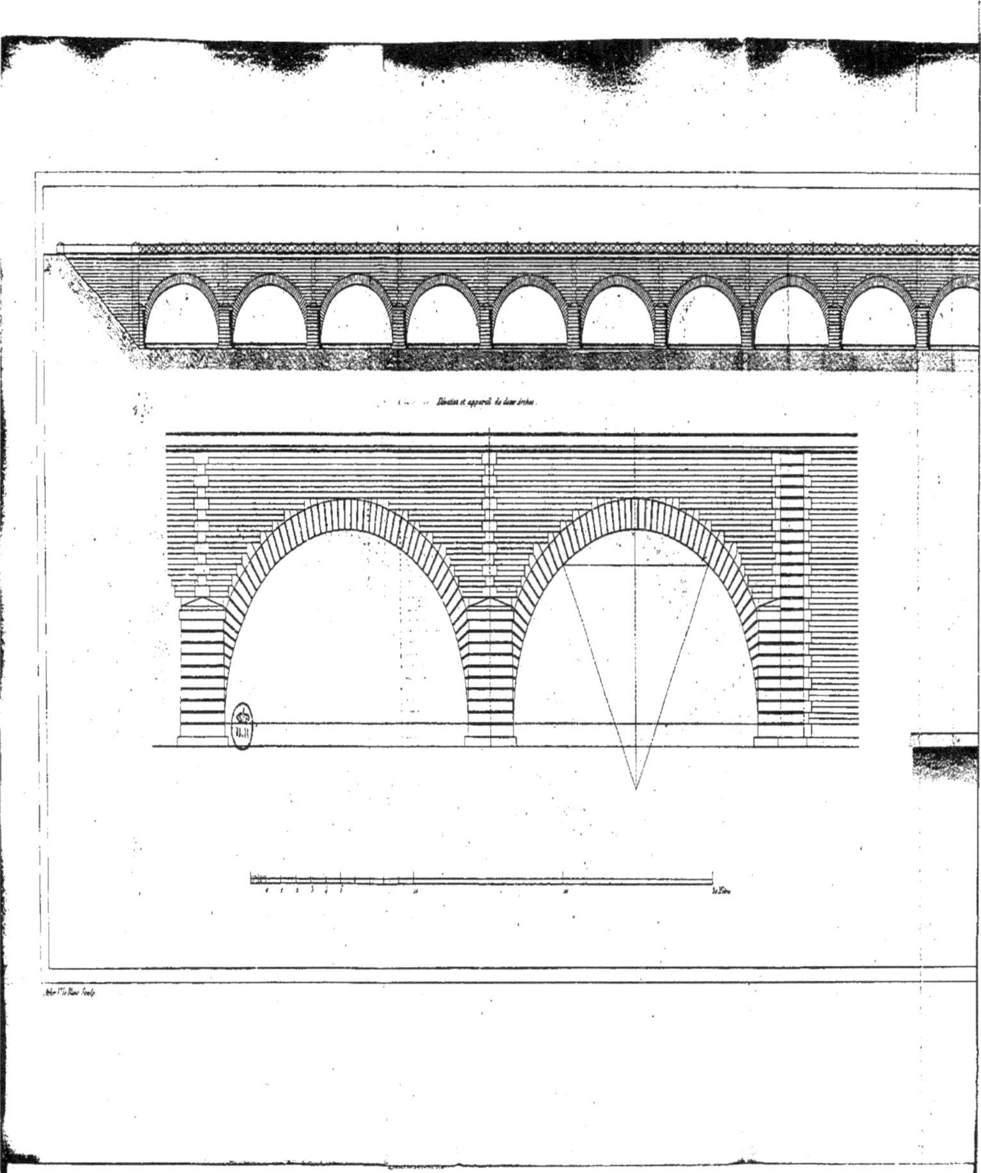

Élévation et appareil de deux arches.
30 Mètres

Pont Aqueduc du Guétin sur l'Allier.

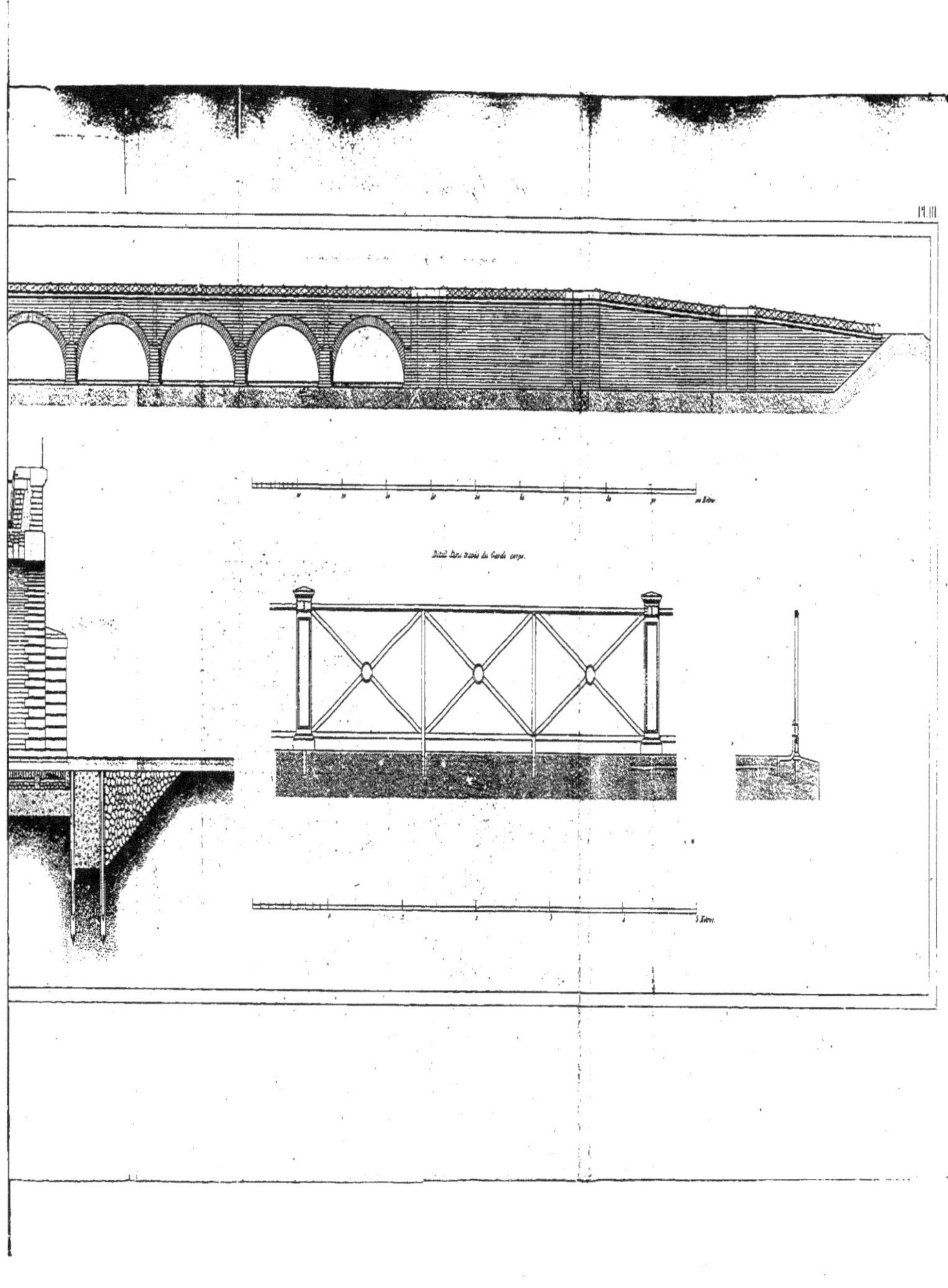

Détail d'une travée du Garde corps.

PLAN DE LA LOIRE, À SON ÉTIAGE, AU
avec indication du système de
pour la jonction du Canal latéral a

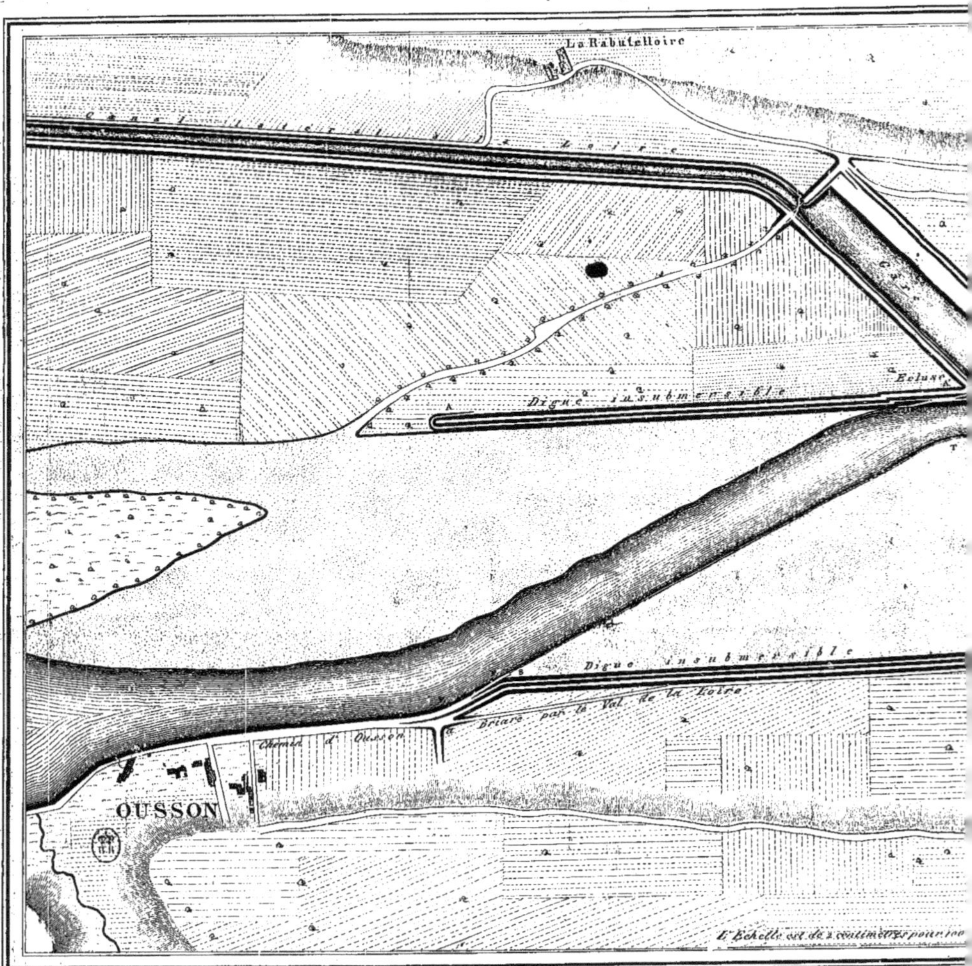

La Rabutelloire
Canal latéral à la Loire
Digue insubmersible
Écluse
Digue insubmersible
Briare par le Val de la Loire
Chenal d'Ousson
OUSSON
L'Échelle est de 2 millimètres pour 100
Lith. de Thierry Frères, à Paris.

...AGE AUX ABORDS DE CHÂTILLON,
...stème de traversée du Fleuve
...latéral avec le Canal de Briare.

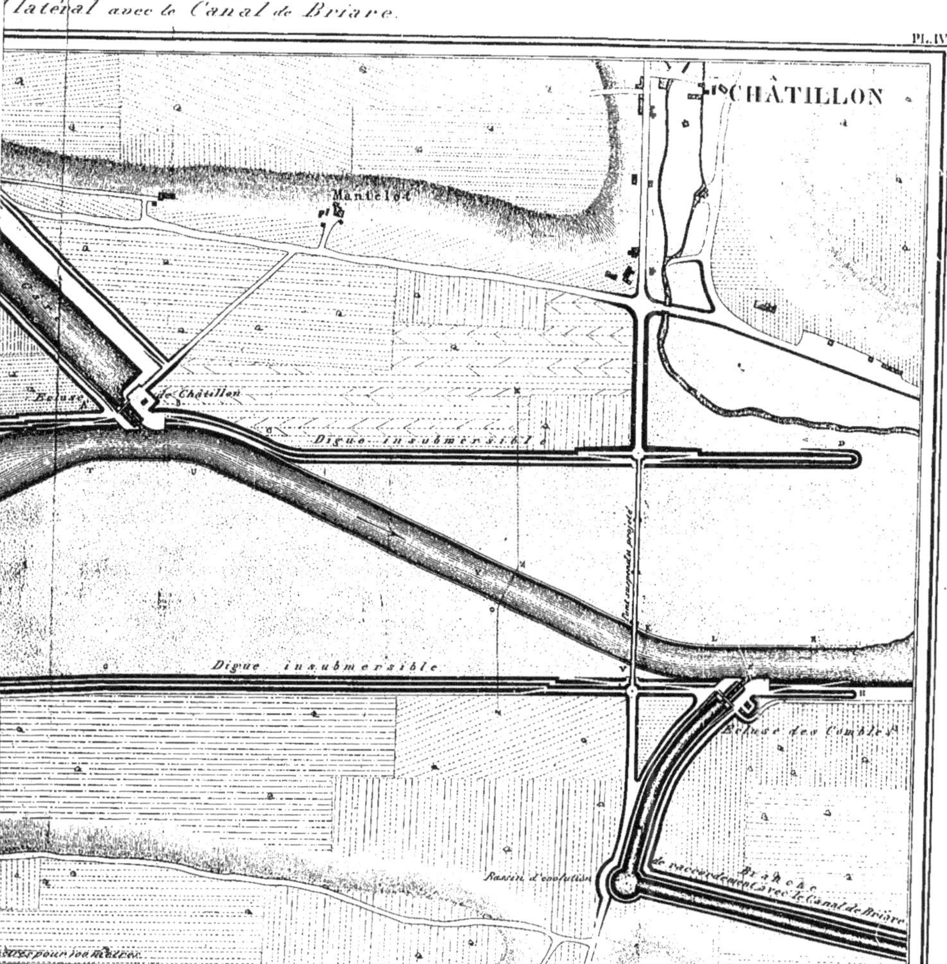

p

Coupe en travers du lit des grandes et des basses eaux de la Loire, suivant la ligne M N O P de la Planche précédente et l'Élévation du Pont-suspendu
projeté pour franchir le Fleuve au droit de la Ville de Châtillon.
Crue du 13 Novembre 1790.
Plan des eaux d'étiage.
L'Échelle est de 0.m 003 ½ pour Mètre.

du 15 Novembre 1792.
des eaux d'étiage
et de 0.m 002 1/3 pour Mètre.
J.J. Olivier (de Castres) Sc.

Plan d'une des Écluses de jonction du Canal latéral à la Loire
avec le fleuve, au passage de Châtillon en amont de Briare (celle des Combles) et de ses abords.
La Loire.
Échelle est de 0.m.02 par mètre.

Plan d'une des Écluses de jonction du Canal latéral à la Loire
avec le fleuve, au passage de Châtillon en amont de Briare (celle des Combles) et de ses abords.

PL. VI.

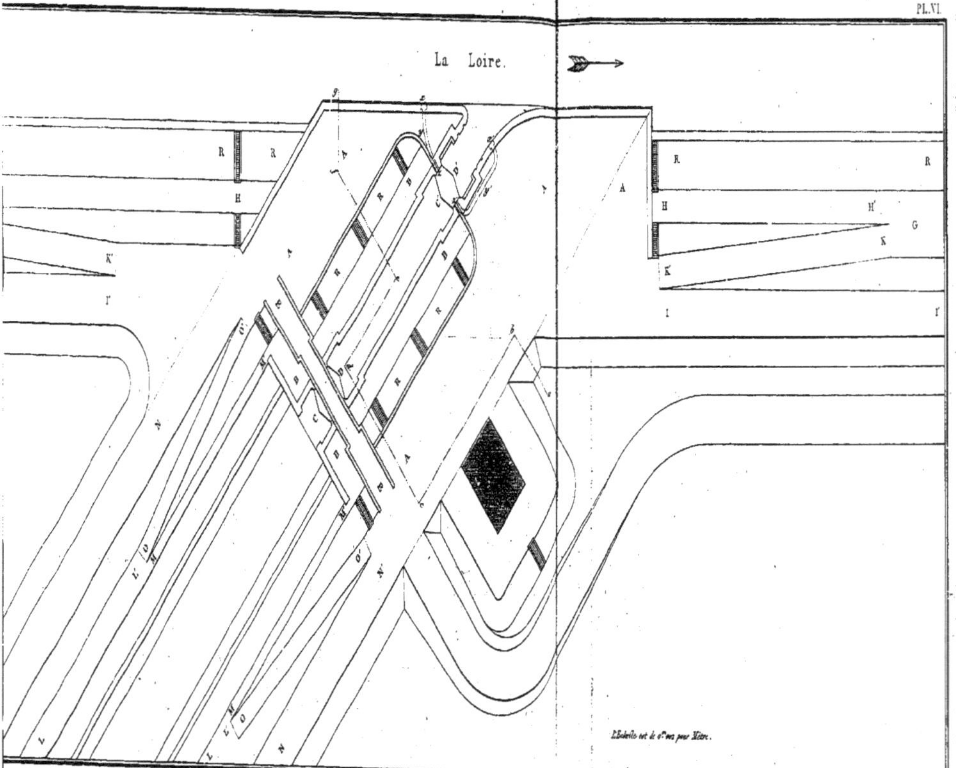

La Loire.

L'Échelle est de 6.mes par Mètre.

J.J. Ollivier de Castres Sc.

Coupes en long et en travers d'une des Écluses de [...] du Canal latéral à la Loire avec le Fleuve, celle
des Combles, dont le plan fait l'objet de la [...] précédente et diverses Élévations y relatives.

Pl. VII.

Coupe en long et Élévation ... de la Maison Éclusière (a)

(a) le premier Étage de la Maison Éclusière est destiné au
logement et au bureau [...] des Ponts de Navigation.

Niveau des plus grandes crues ordinaires
Étiage de la Loir...
Plan des eaux de la Branche de raccordement avec le Canal de Briare

Coupe en travers suivant la ligne ... et Élévation, du côté de l'Écluse
de la Tête du Pont ... de ses extrémités.

Élévation de l'Écluse du côté ... principal
et coupe en travers du Canal ... aux abords de l'Écluse.

L'Échelle de la Coupe en long est de ... pour mètre.
L'Échelle des deux autres figures est de ... pour mètre.

J.J. Olivier del. Castres l.

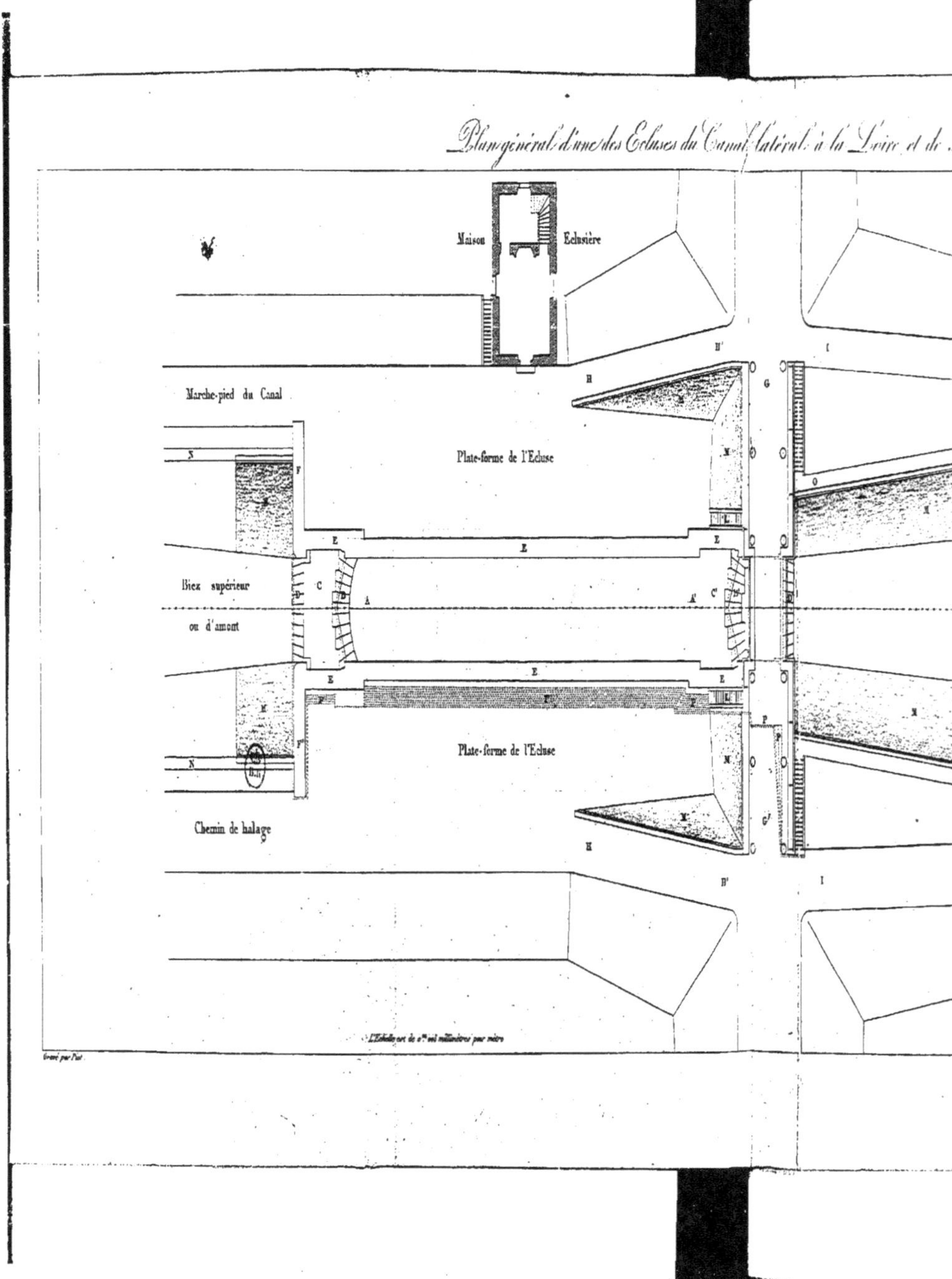

Plan général d'une des Ecluses du Canal latéral à la Loire et de
Maison Eclusière
Marche-pied du Canal
Plate-forme de l'Ecluse
Biez supérieur
ou d'amont
Chemin de halage
Plate-forme de l'Ecluse
L'Echelle est de o,m oo1 millimètres par mètre
Gravé par Piat

d'une des Écluses du Canal latéral à la Loire et de ses abords.
Pl. VIII.
Éclusière
Marche-pied du Canal
Biez inférieur
ou d'aval
Chemin de halage

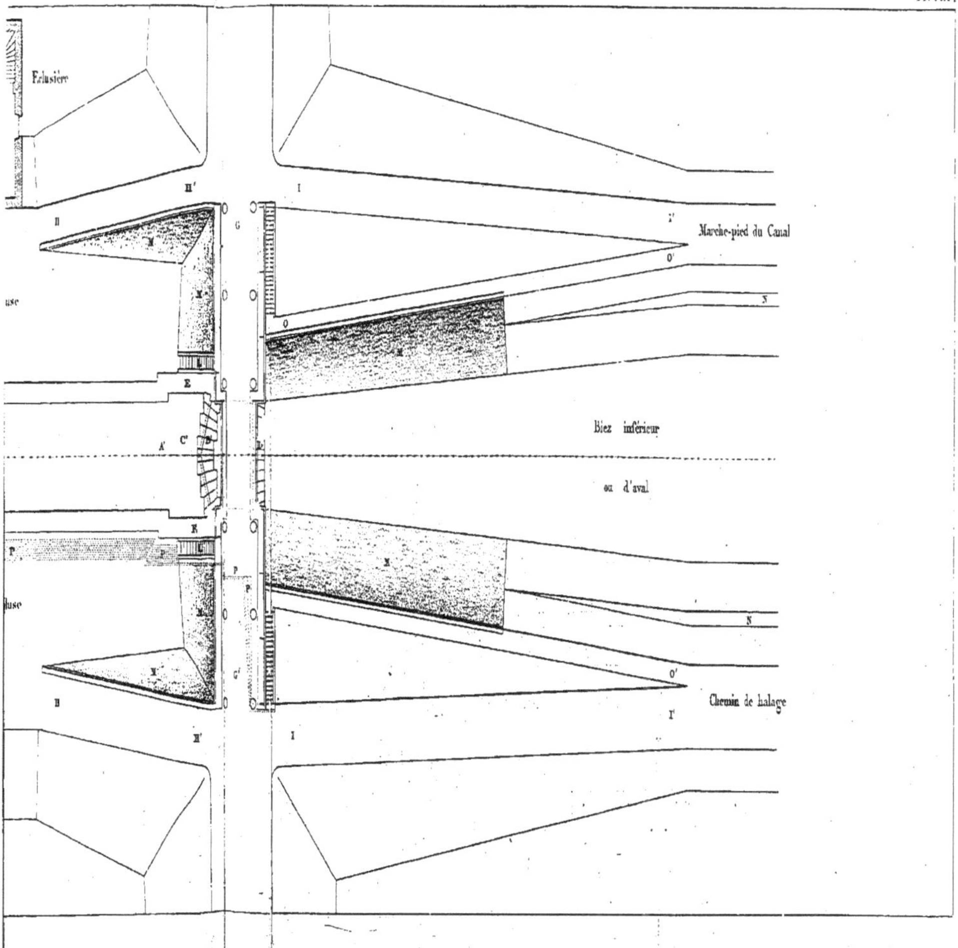

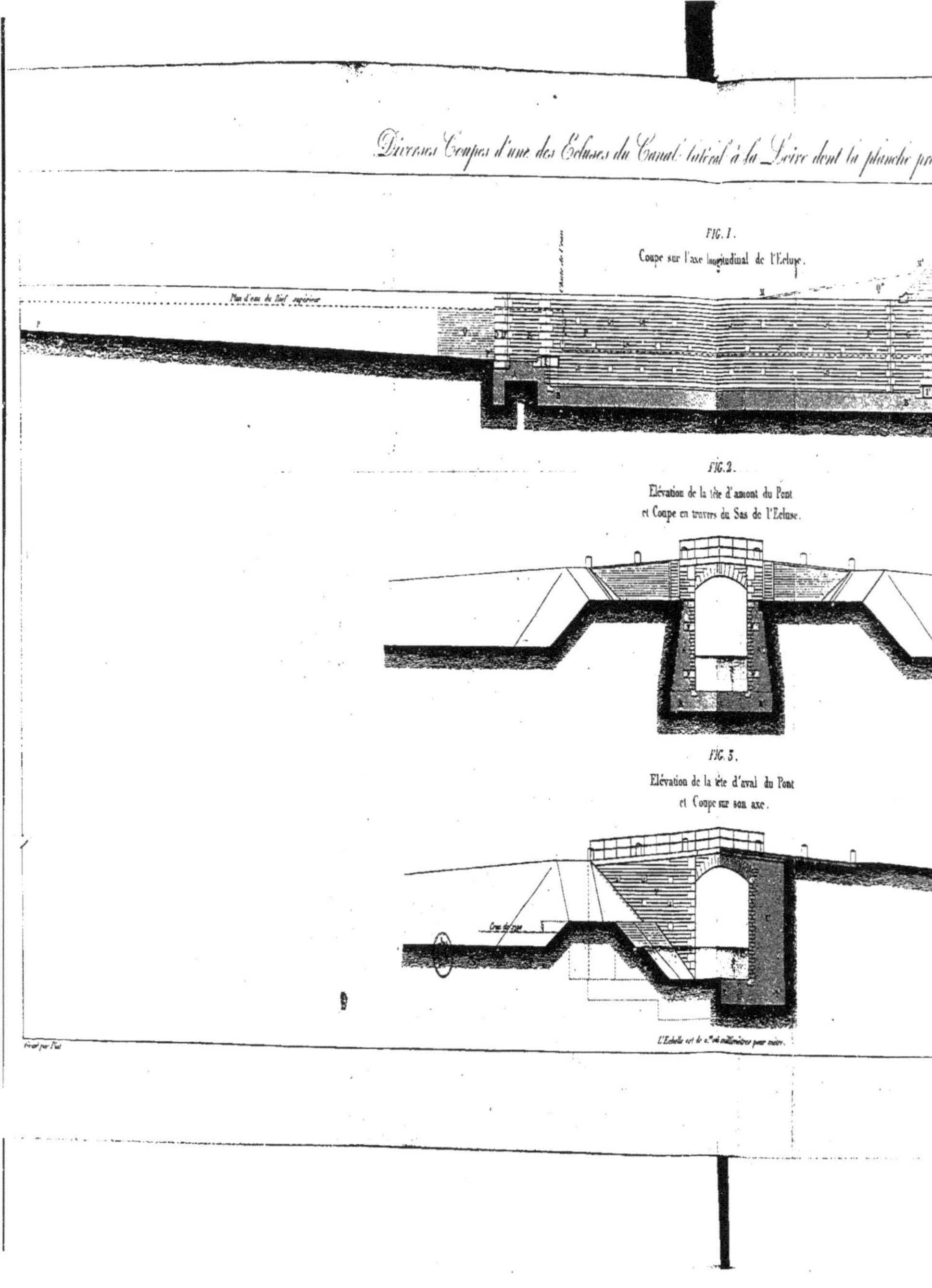
FIG. 1.
Coupe sur l'axe longitudinal de l'Écluse.
Plan d'eau du Bief supérieur
FIG. 2.
Élévation de la tête d'amont du Pont
et Coupe en travers du Sas de l'Écluse.
FIG. 3.
Élévation de la tête d'aval du Pont
et Coupe sur son axe.
L'Echelle est de 2 millimètres par mètre.

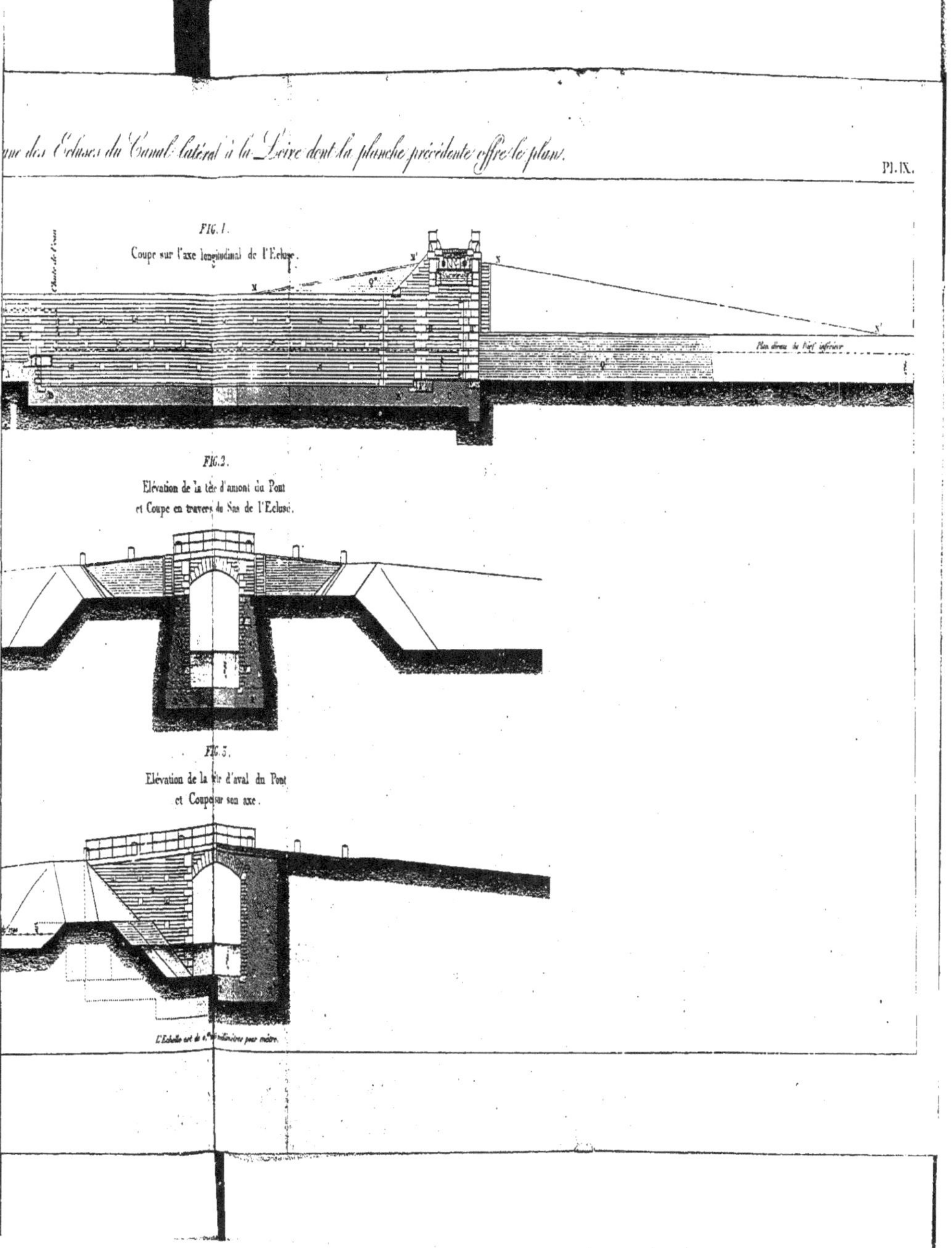

FIG. 1.
Coupe sur l'axe longitudinal de l'Écluse.
Plan d'eau du Bief inférieur
FIG. 2.
Élévation de la tête d'amont du Pont
et Coupe en travers du Sas de l'Écluse.
FIG. 3.
Élévation de la tête d'aval du Pont
et Coupe sur son axe.
L'Échelle est de 0,m... millimètres par mètre.

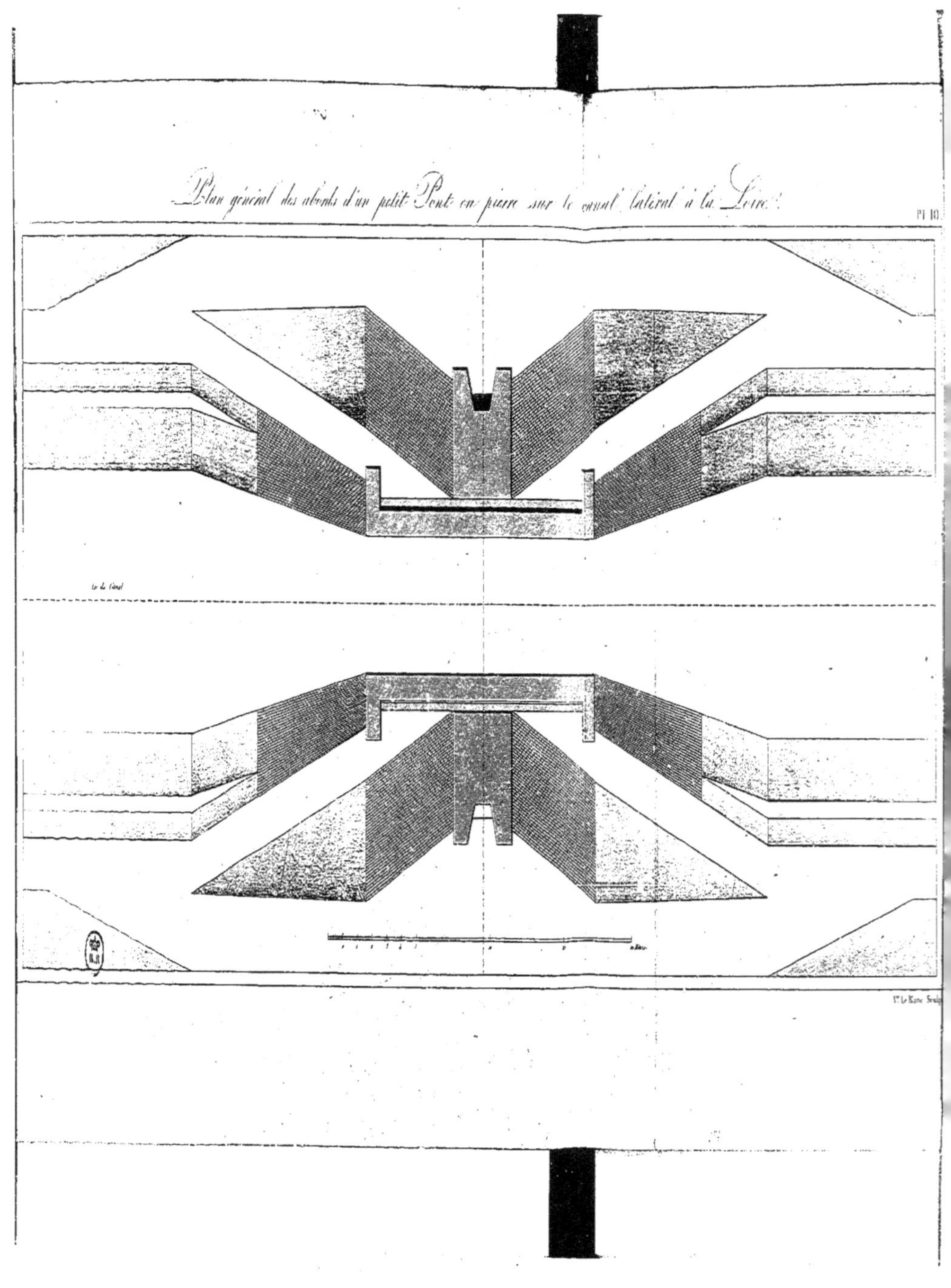

Plan général des abords d'un petit Pont en pierre sur le canal latéral à la Loire.
Pl. 10
Ce du Canal
m. Mètre.
N. le Roux Sculp.

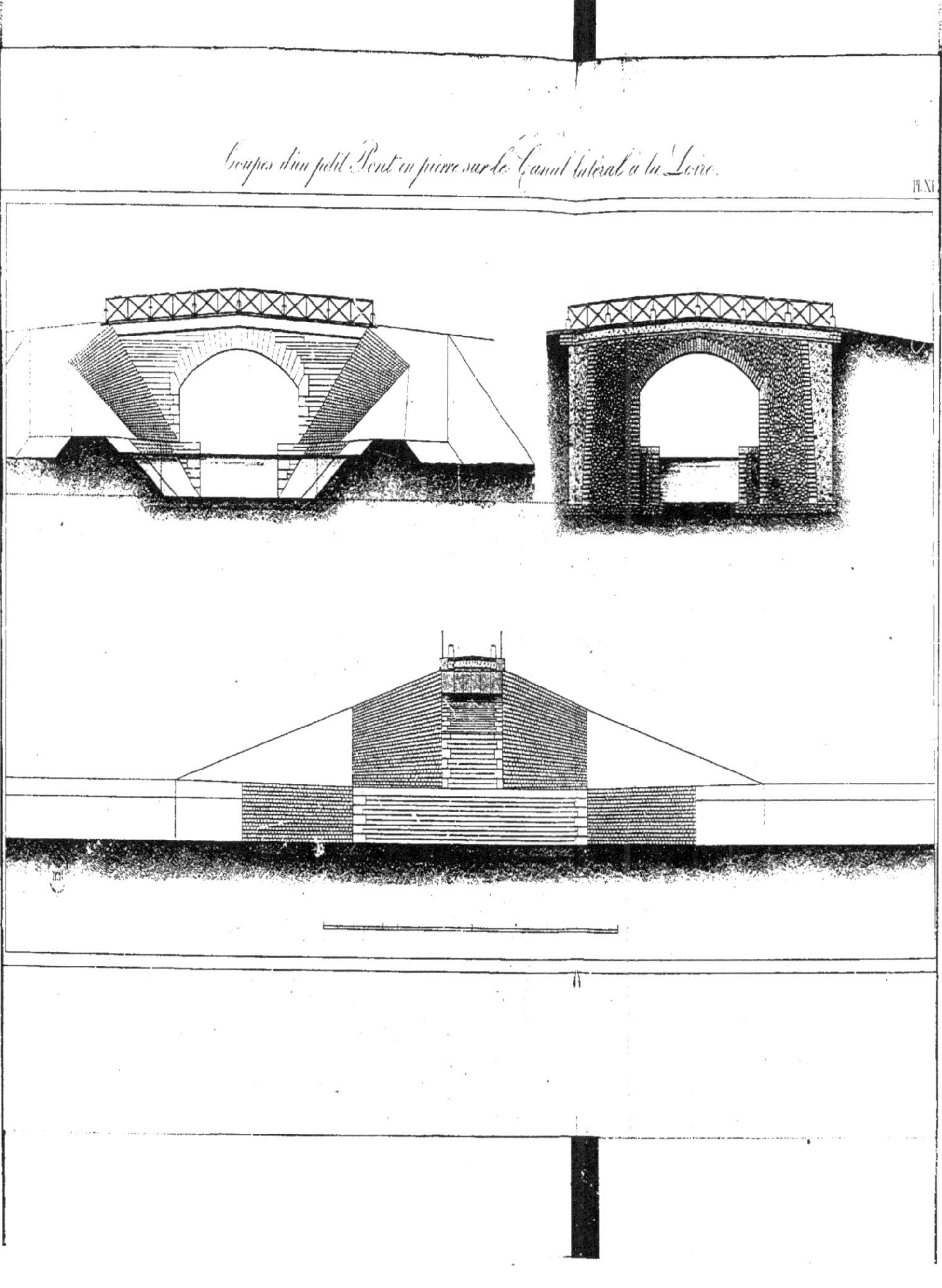

Coupes d'un petit Pont en pierre sur le Canal latéral à la Loire.

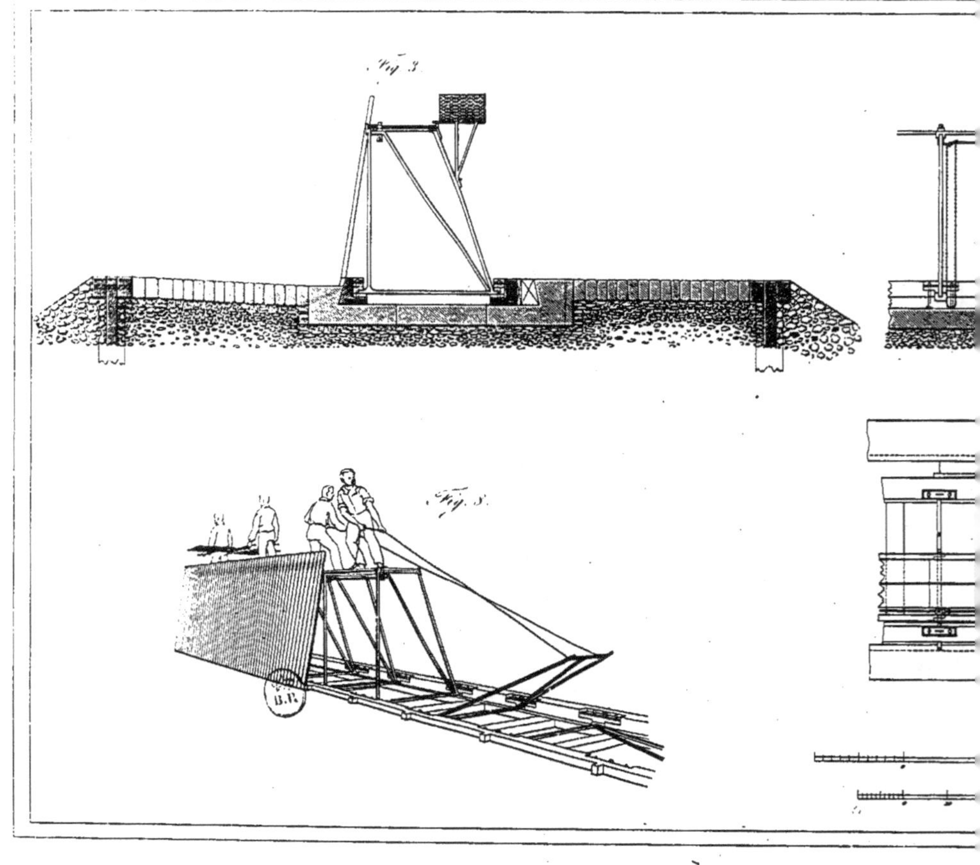

Fig. 3.
Fig. 5.

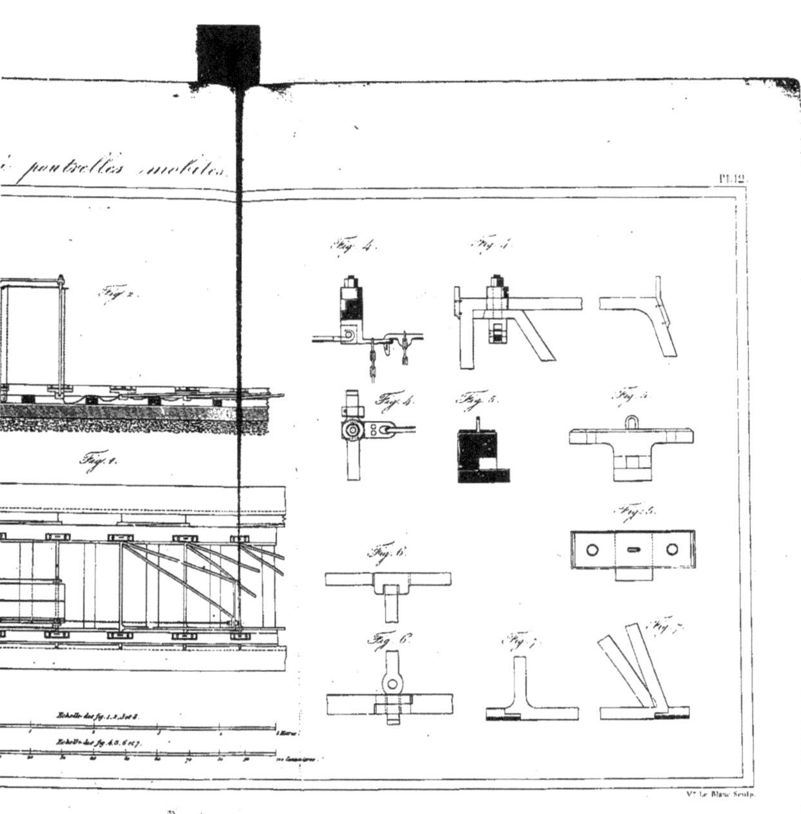
Fig. 4.
Fig. 1.
Fig. 4.
Fig. 5.
Fig. 3.
Fig. 2.
Fig. 1.
Fig. 5.
Fig. 6.
Fig. 6.
Fig. 7.
Fig. 7.
Echelle des fig. 1, 2, 3 et 8.
1 Mètre.
Echelle des fig. 4, 5, 6 et 7.
10 Centimètres.

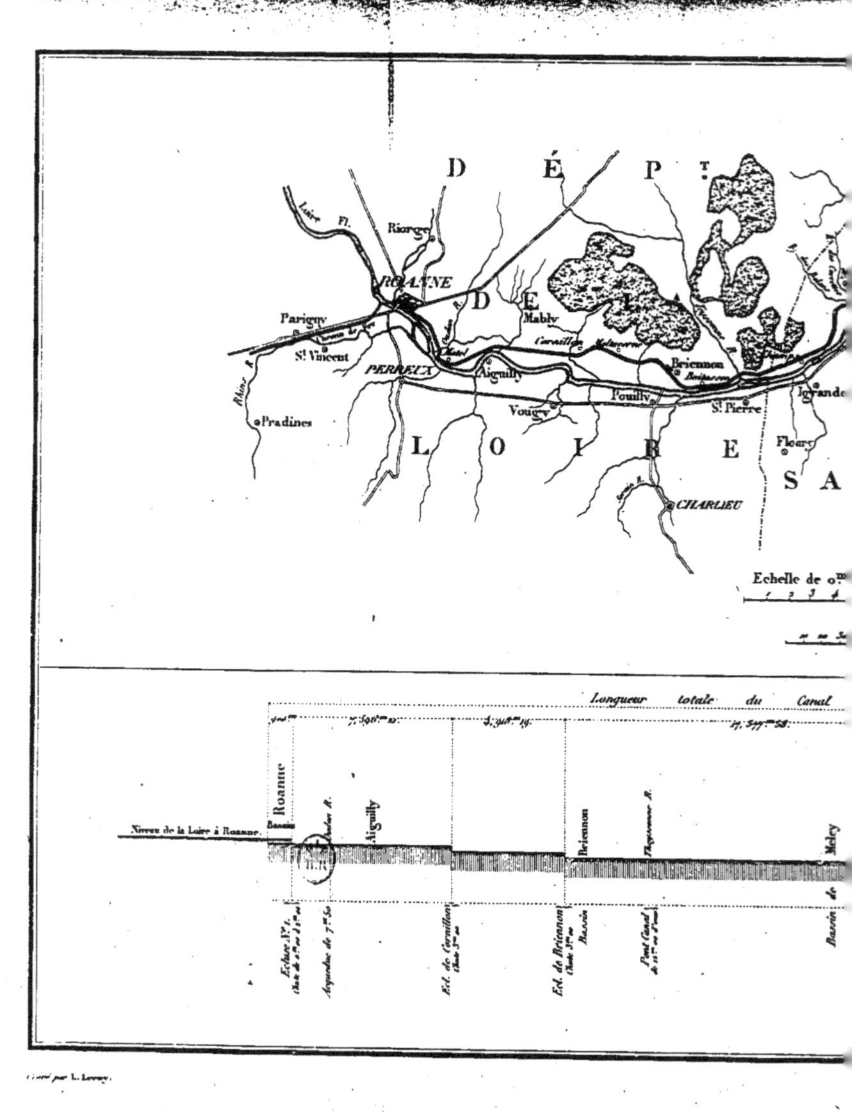

DÉPT
DE LA LOIRE
Loire Fl.
Riorge
ROANNE
Parigny
St Vincent
PERREUX
Pradines
Châtel
Mably
Corcillon
Aiguilly
Vougy
Pouilly
Briennon
St Pierre
Igrande
Fleury
LOIRE
SA
Rhin
CHARLIEU
Echelle de 0
1 2 3 4
Longueur totale du Canal
Niveau de la Loire à Roanne.
Roanne
Bassin
Aiguilly
Briennon
Mely
Ecluse N.º 1.
Aqueduc de 7.m 50
Ect. de Corcillon.
Ect. de Briennon.
Pont Canal
Bassin de

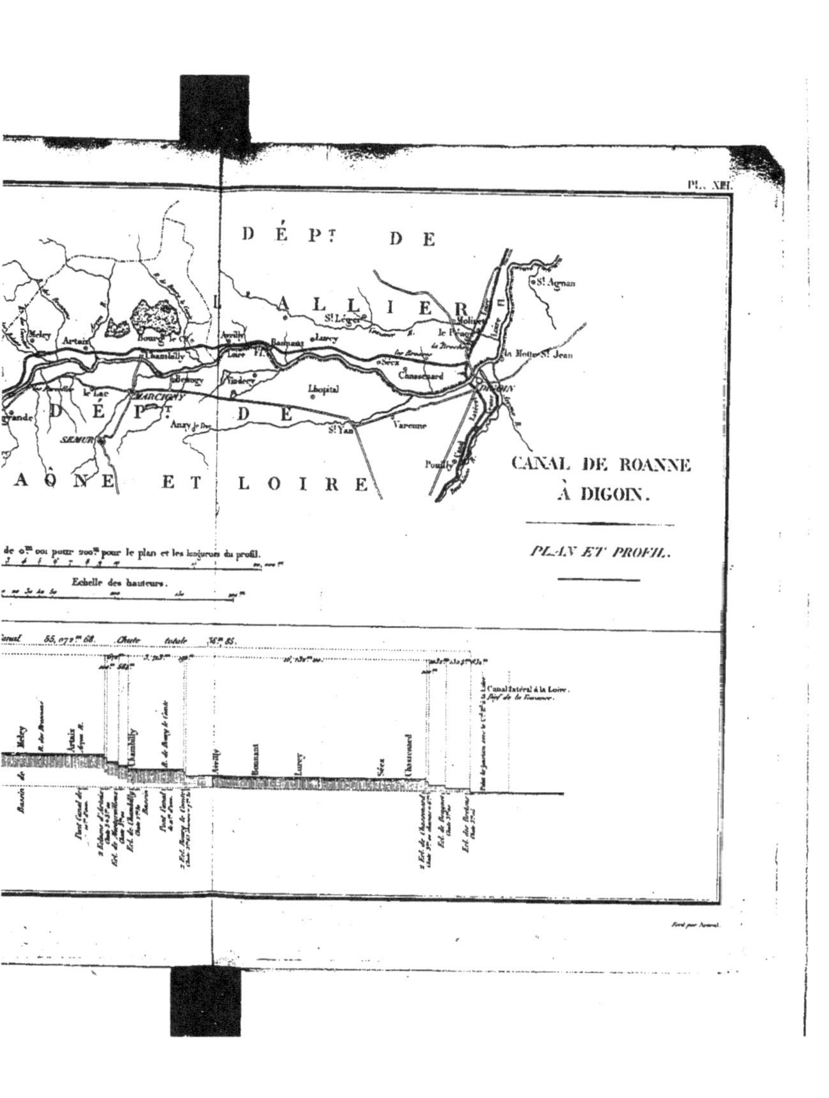

DÉP.T DE L'ALLIER
DÉP.T DE SAÔNE ET LOIRE
St Agnan
St Léger
Moulins
le Pinay
la Motte St Jean
Moley
Artaix
Bourg le C.te
Avril
Ramean
Lurcy
Chambilly
Loire R.
Sept
Chassenard
Briesay
Vindecy
Lhopital
MARCIGNY
le Lac
grande
SEMUR
Anzy le Duc
St Yan
Varenne
Pouilly
DIGOIN
Latéral
Loire R.
CANAL DE ROANNE À DIGOIN.
PLAN ET PROFIL.
de 0.m 001 pour 200.m pour le plan et les longueurs du profil.
Echelle des hauteurs.
Chute totale 76.m 85.
Moley
Artaix
Chambilly
Avrilly
Ramean
Lurcy
Sept
Chassenard
Canal latéral à la Loire.
Bief de la Fourance.

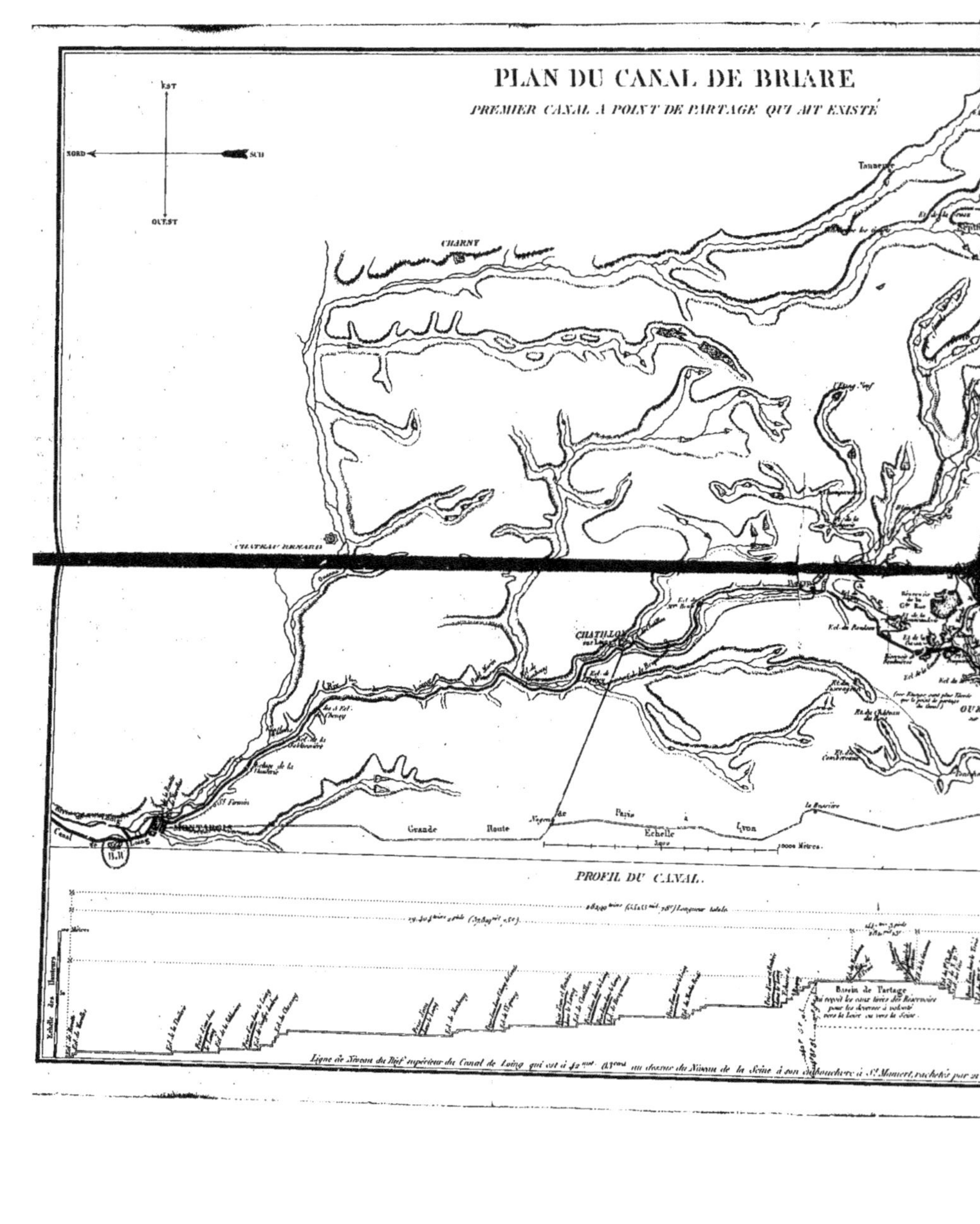

Plan du canal de Briare.

Pl. XIV.
PLAN DU CANAL DE BRIARE
PREMIER CANAL A POINT DE PARTAGE QUI AIT EXISTÉ
CHARNY
Tannerre
Septfonds
St Sauveur
Montiers
St Fargeau
St Privé
CHATILLON sur Loing
OUZOUER sur Trézée
Briare
Tour de Damerains
Étang de la Balance
Ousson
Chatillon sur Loire
LOIRE FLEUVE
Grande Route de Nevers à Paris à Lyon
Echelle
Mètres
PROFIL DU CANAL.
Bassin de Partage
LOIRE FLEUVE

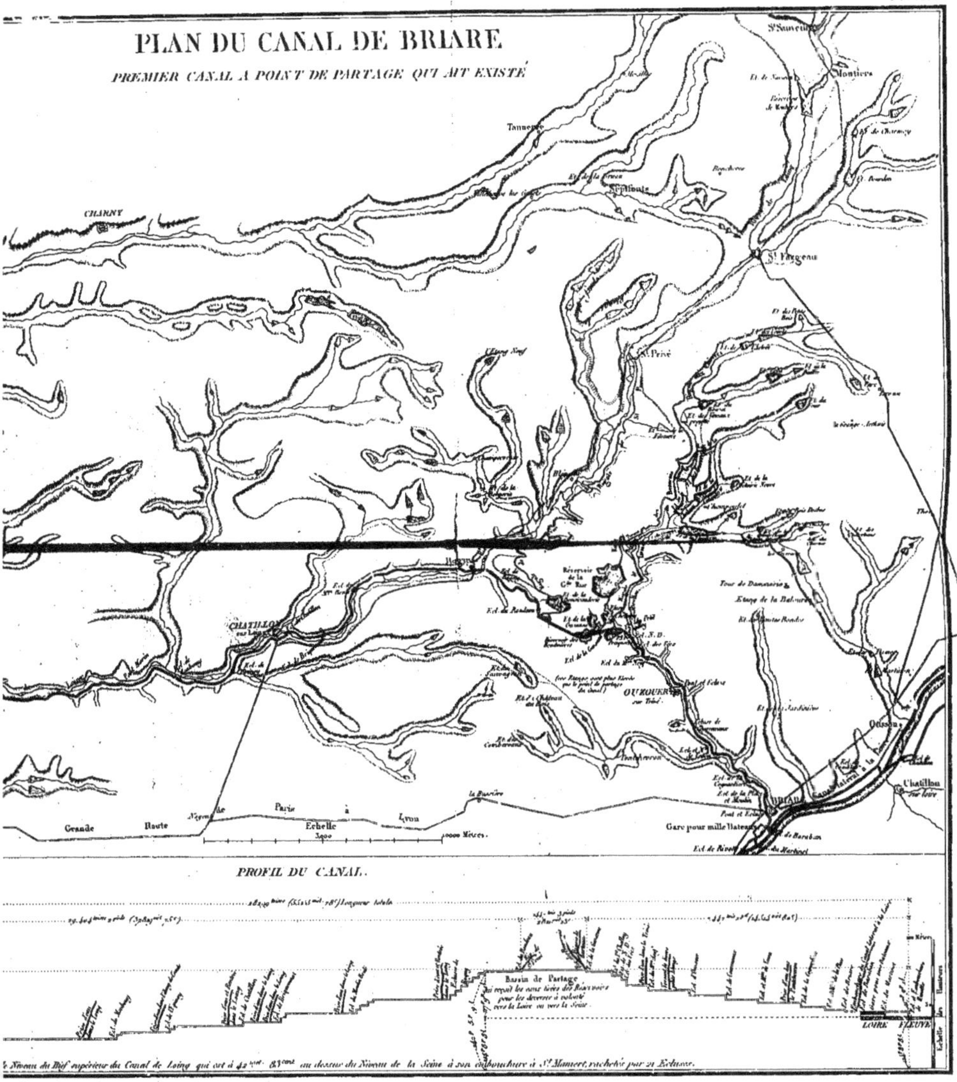

Commentry
Chateau Vieux
MONTLUÇON
Bourdiat
Blanzat
Nizer
Sussat
Laur
Dalde
Breuil
Souvigny
Valleu
Brunueil
Laperche
Jaligny-le-Vieux
Colombier
Bressolles
MOULINS
Charenton
St Pierre le Moutier
St Amand
Auvier
Vernais
Bassin
de Fontblisse
Anse
Chanuecque
Verneuil
Chateauneuf
Neuilly
Theatin
Parnay
Argy
Sancoins
Dun-le-Roi
Graveur Chaleur
Veaux
etc

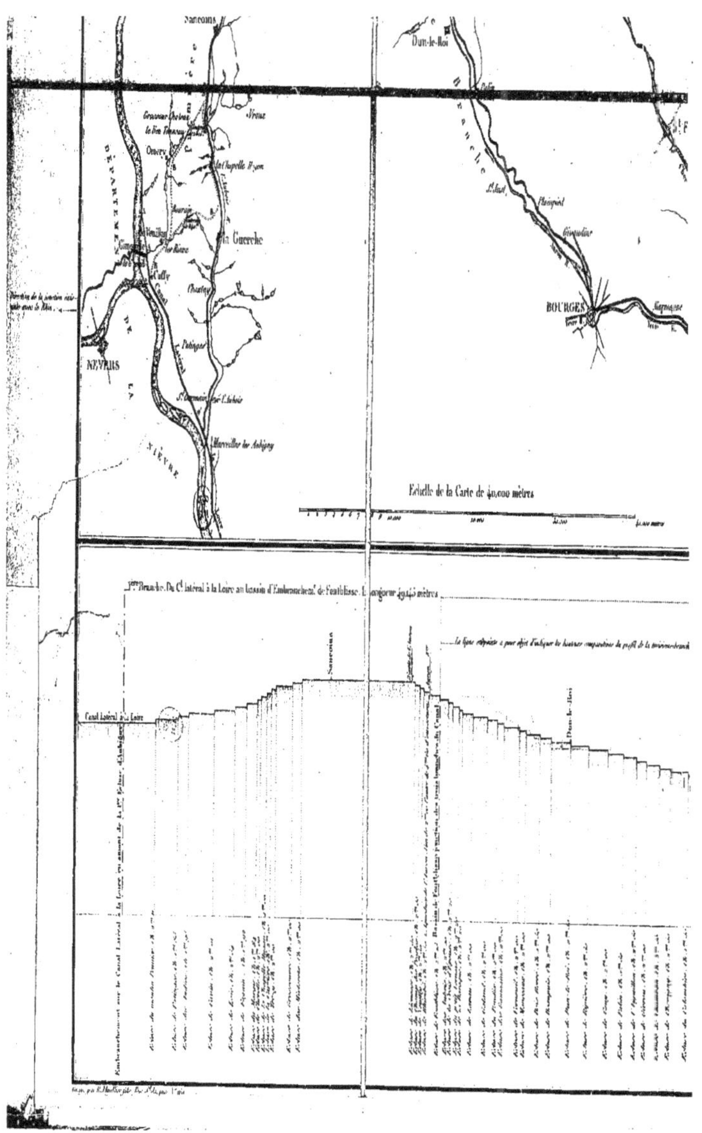

Sancoins
Dun-le-Roi
Groux
Grauvour Chelves
le bon Tonnerre
Ouvry
La Chapelle Hugon
Aurcin
Venillon
La Guerche
Cully
Chastey
Patingal
NEVERS
S.t Germain sur l'Aubois
Marseilles les Aubigny
DÉPARTEMENT DE LA NIÈVRE
Direction de la jonction projetée avec le Rhin
Echelle de la Carte de 40,000 mètres
10,000   20,000   40,000 mètres
Salut
Plaimpied
Gionvelin
BOURGES
Savagune
1.re Branche. Du C.l latéral à la Loire au bassin d'Embranchem.t de l'établisse. L.ongueur 49,445 mètres
Canal latéral à la Loire
Sancoins
Dun-le-Roi
La ligne colorée a pour objet d'indiquer les hauteurs comparatives du profil de la même branche
Embranchement avec le Canal latéral à la Loire en amont de la 1.re Écluse d'Embranchement

PLAN

ET PROFIL GÉNÉRAL

DU

CANAL DU BERRY

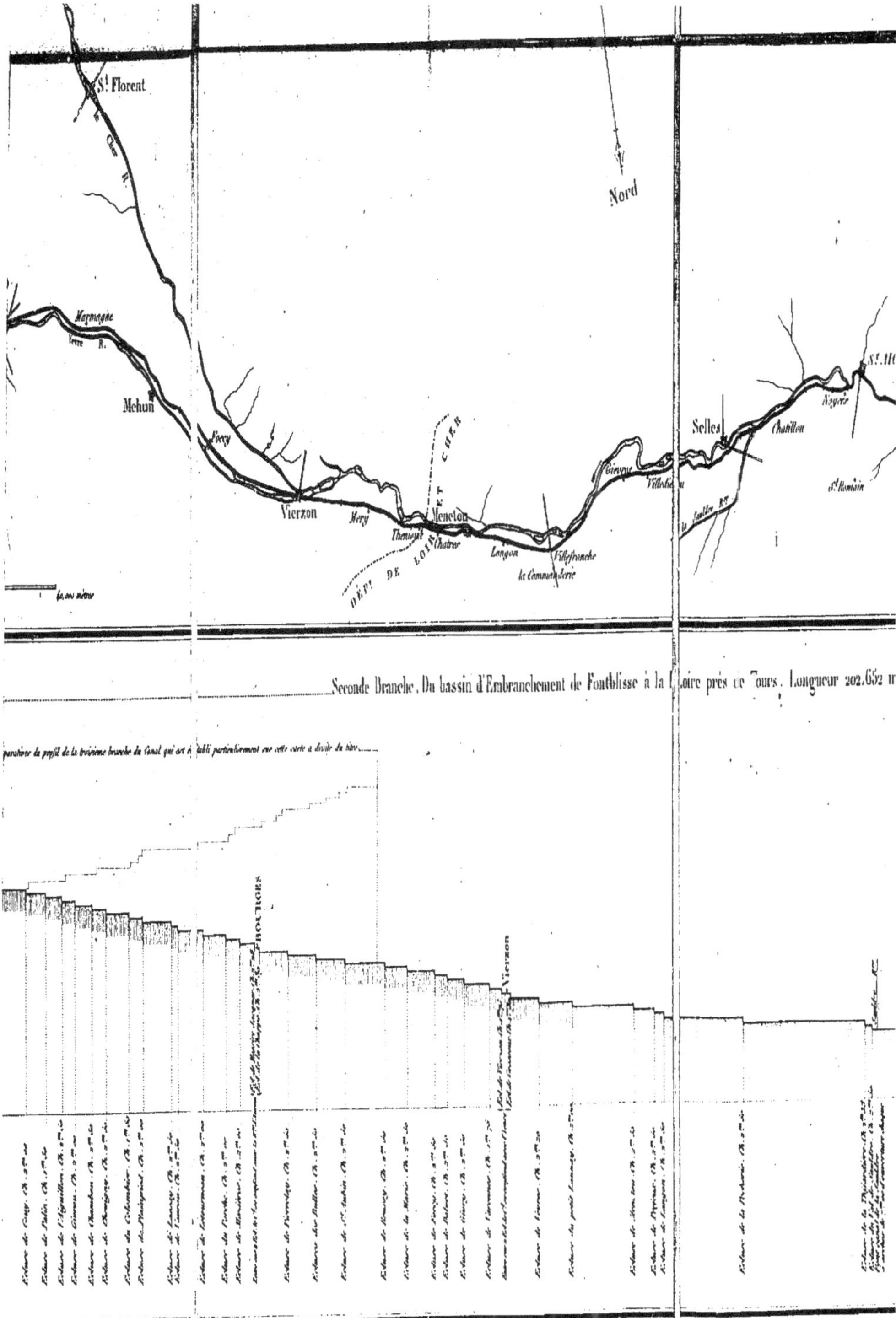

St. Florent
Cher R.
Marmagne
Vevre R.
Mehun
Nord
St. M[...]
Selles
Chatillon
Nogere
St. Romain
Gievre
Villedieu
la Saulée R[t]
Vierzon
Mery
Thenioux
Menetou
Chatrer
DÉPt. DE LOIR ET CHER
Langon
Villefranche
la Commanderie
40,000 mètres
Seconde Branche, Du bassin d'Embranchement de Fontblisse à la Loire près de Tours. Longueur 202.652 m
paroissse le profil de la troisième branche du Canal qui est établi particulièrement sur cette carte à droite du titre......
BOURGES
Vierzon
Ecluse de Gage
Ecluse de Palin
Ecluse de l'Aqueduc
Ecluse de Givron
Ecluse de Chambon
Ecluse de Chevigny
Ecluse de Colombiers
Ecluse de Marigant
Ecluse de Lunery
Ecluse de Lunery
Ecluse de Lazenay
Ecluse du Porche
Ecluse du Moulon
Ecluse de Bourges
Ecluse de Villeneuve
Ecluse de Foëcy
Ecluse de St. Aubin
Ecluse de Mery
Ecluse de la Roue
Ecluse de Puisey
Ecluse de Vierzon
Ecluse de Vierzon
Ecluse de l'embouchure de l'Yèvre
Ecluse de Vouzeron
Ecluse du pont Lanoray
Ecluse de Nancras
Ecluse de Pierres
Ecluse de Langon
Ecluse de la Perdrie

Troisième Branche. Du bassin d'Embranchement de : Fontblisse à Montluçon. Longueur 68,586 mètres.

Ouest

Récapitulation du Trajet

Première Branche. Longueur. 40.161.	Chute	En montant	18.m 22	13 Ecluses
		En descendant	10.00	1
Seconde Branche. Longueur. 112.636.	Chute	En descendant	151.05	63
		En remontant	0.31	1
Troisième Branche. Longueur. 68.586.	Chute	En descendant	27.28	11
		En remontant	40.70	16
Totaux	221.383		247.56	111

TYPES

Canaux
Ecluse
A.A Rigole de prise d'eau navigable.
B.B Direction originairement projetée pour le débouché du Canal du Berry avec des souterrains l'un de 1805.m l'autre de 850.m
Limites des Départements

A.A Rigole de prise d'eau navigable.
Souterrain l'un de 1605.m l'autre de 840.m
Limites des Départemens
Châtillon
Noyers
St ROMAIN
St AIGNAN
Mareuil
Thoare
Ingé
Chenoy
Montrichard
DÉP.T D'INDRE
D'INDRE ET LOIRE
Chissau
Chenonceau
Vinray
la Croix
Bière
Blère
Bière
St Martin le Beau
Azé
Vérets
Luray
St Avertin
St Cosme
la Ville aux Dames
Montlouis
TOURS
LE CHER
Communication avec le port de Nantes
ès de Tours. Longueur 202.652 mètres
TOURS
Etiage de la Loire à Tours
Les Ecluses dans le Cher entre St Aignan et Tours doivent avoir 5.m 20 de largeur pour recevoir les bateaux de Loire. Leur nombre et leur chute

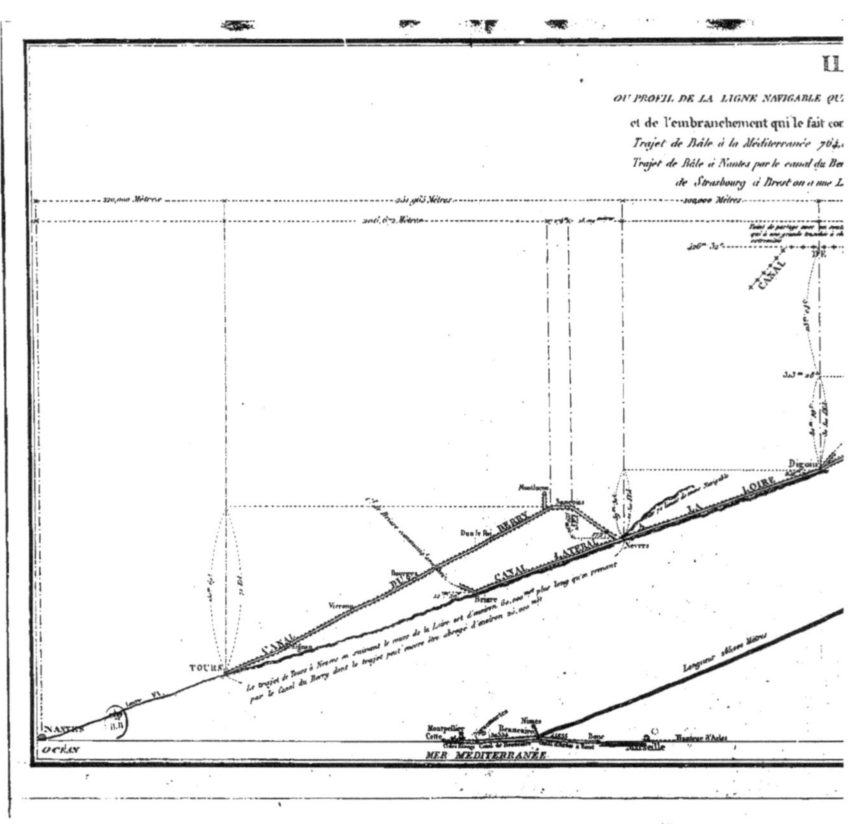
II
OU PROFIL DE LA LIGNE NAVIGABLE QU
et de l'embranchement qui le fait cor
Trajet de Bâle à la Méditerranée 704.
Trajet de Bâle à Nantes par le canal du Be
de Strasbourg à Brest on a une L
220,000 Mètres
231,905 Mètres
100,000 Mètres
206,672 Mètres
Point de partage avec les eaux
qui à une grande tranchée à ch
extrémité
CANAL
DE
LOIRE
LA
Digoin
Nevers
CANAL LATÉRAL
BERRY
Dans le Ri
Montlucon
CANAL
DU
Briare
Vierzon
Le trajet de Tours à Nevers en suivant la route de la Loire est d'environ
par le Canal du Berry dont le trajet peut encore être abrégé d'environ
TOURS
Longueur
NANTES
OCÉAN
Montpellier
Cette
Beaucaire
Nimes
Bourg
Hauteur d'Arles
Marseille
MER MÉDITERRANÉE.

HAUTEURS DIVERSES,

NAVIGABLE *QUI JOINT LE* RHIN *AUX PORTS DE* NANTES *ET DE* BREST *SUR L'OCÉAN,*

t qui le fait communiquer avec les Ports de *CETTE* et de *MARSEILLE* sur la *MÉDITERRANÉE.*

literranée 70̷4.000.ᵐ

ar le canal du Berry 989.000 mètres.

{ On aurait 70,000 mètres de plus en partant de Strasbourg.

Brest on a une Longueur totale 1.264.930 mètres (316 lieues de 4000 Mètres.)

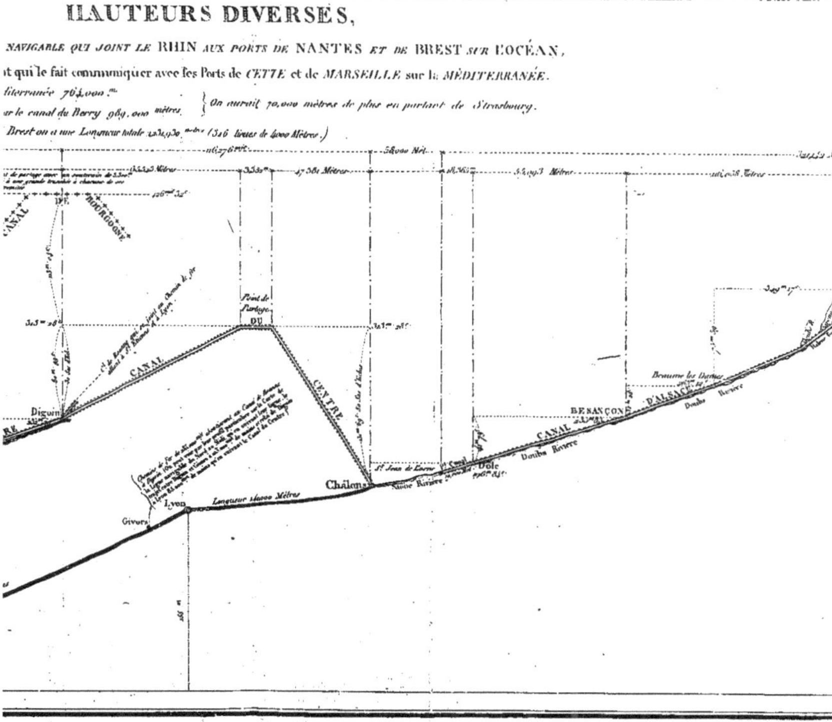

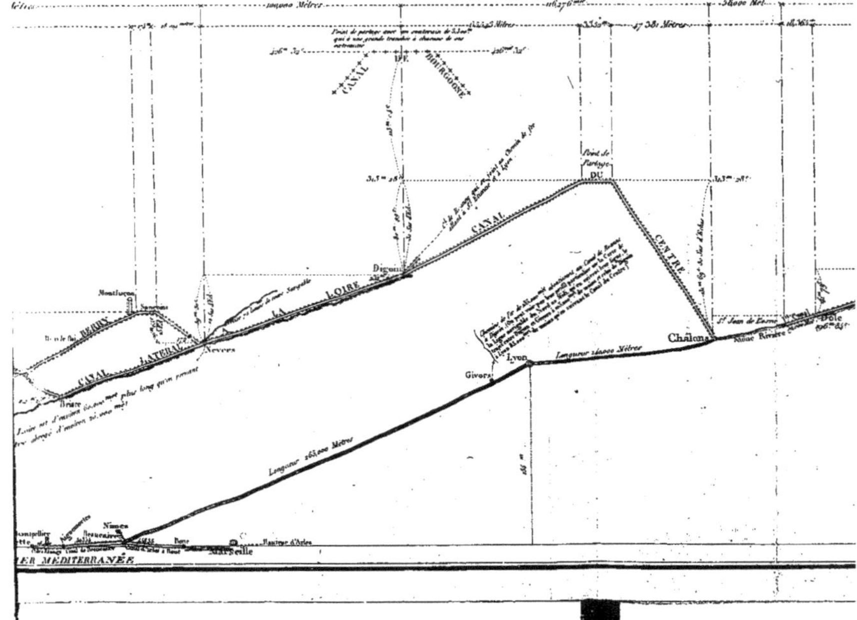

HAUTEURS DIVERSES,

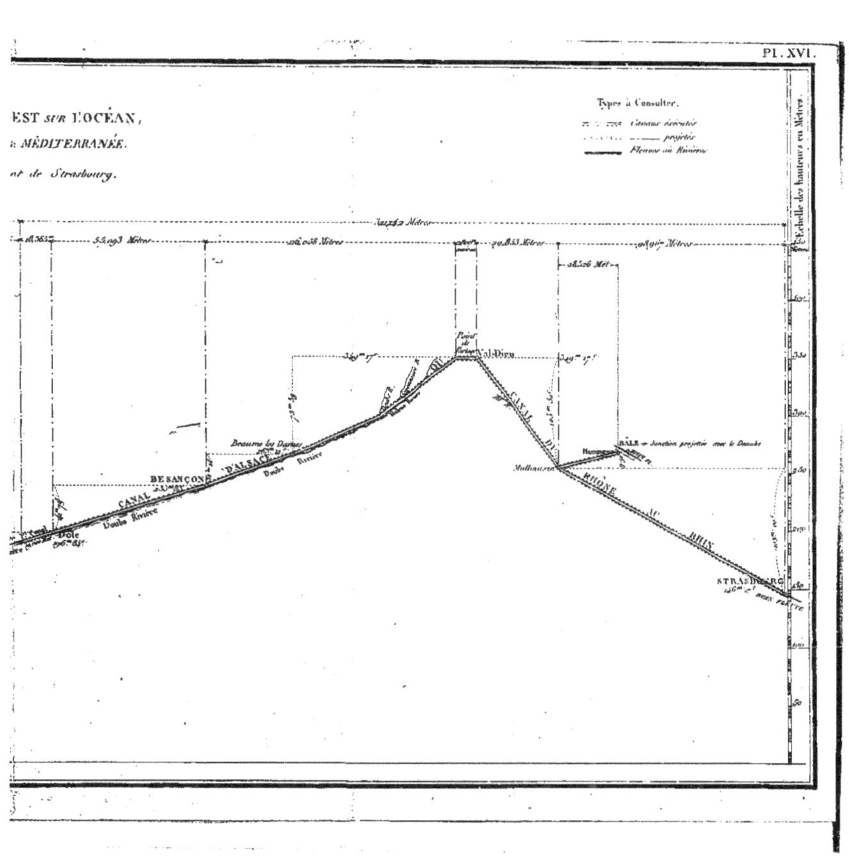
EST sur l'OCÉAN,
à MÉDITERRANÉE.
et de Strasbourg.
Types à Consulter.
Canaux exécutés
projetés
Fleuves ou Rivières
Échelle des hauteurs en Mètres.
Point de Partage
Val-Dieu
BESANÇON
CANAL D'ALSACE
Doubs Rivière
Beaume les Dames
Doubs Rivière
CANAL DU RHONE AU RHIN
Mulhausen
Huningue
BALE — Jonction projetée avec le Danube
RHONE AU RHIN
STRASBOURG
Dôle

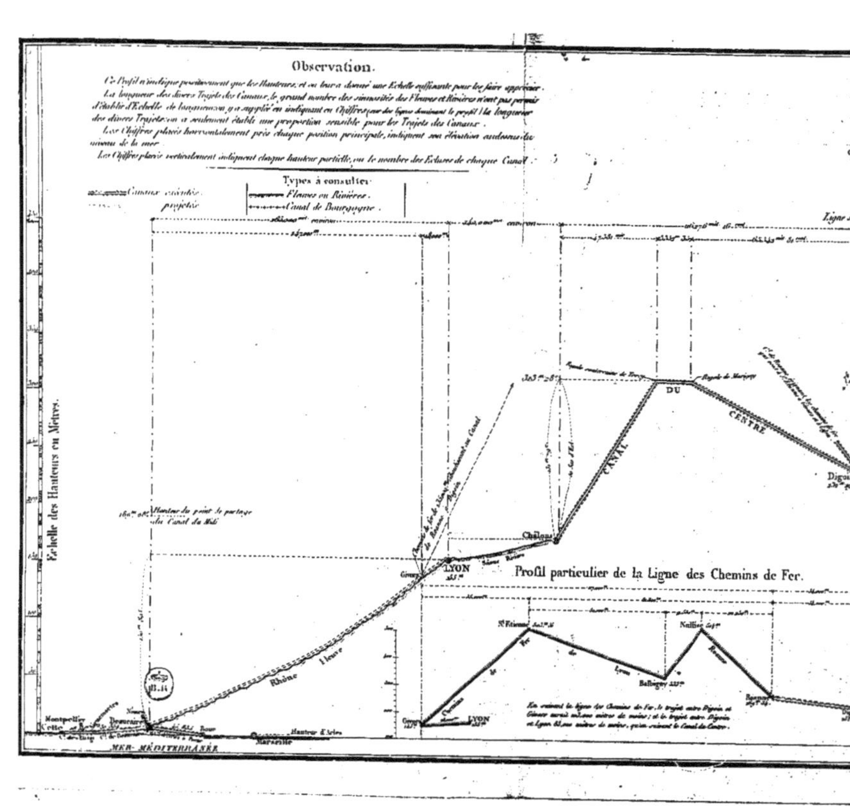

Observation.
Ce Profil n'indique positivement que les Hauteurs, et on leur a donné une Echelle suffisante pour les faire apprécier.
La longueur des divers Trajets des Canaux, le grand nombre des sinuosités des Fleuves et Rivières n'ont pas permis d'établir d'Echelle de longueur; on y a suppléé en indiquant en Chiffres (sur des lignes dominant le profil) la longueur des divers Trajets; on a seulement établi une proportion sensible pour les Trajets des Canaux.
Les Chiffres placés horizontalement près chaque position principale, indiquent son élévation au-dessus du niveau de la mer
Les Chiffres placés verticalement indiquent chaque hauteur partielle, ou le nombre des Ecluses de chaque Canal.
Types à consulter
Fleuves ou Rivières.
Canal de Bourgogne.
Canaux existants.
projetés
Echelle des Hauteurs en Mètres.
Ligne
CANAL DU CENTRE
Digoin
Châlon
LYON
Rhône Fleuve
Hauteur du point de partage du Canal du Midi
Montpellier
Cette
Hauteur d'Arles
Marseille
MER MÉDITERRANÉE
Profil particulier de la Ligne des Chemins de Fer.
St Etienne
Lyon
Ballegny
LYON
En suivant la ligne des Chemins de Fer, le trajet entre Digoin et Givors aurait même mètre de rivière; et le trajet entre Digoin et Lyon 61,000 mètres de rivière, qu'en suivant le Canal du Centre.

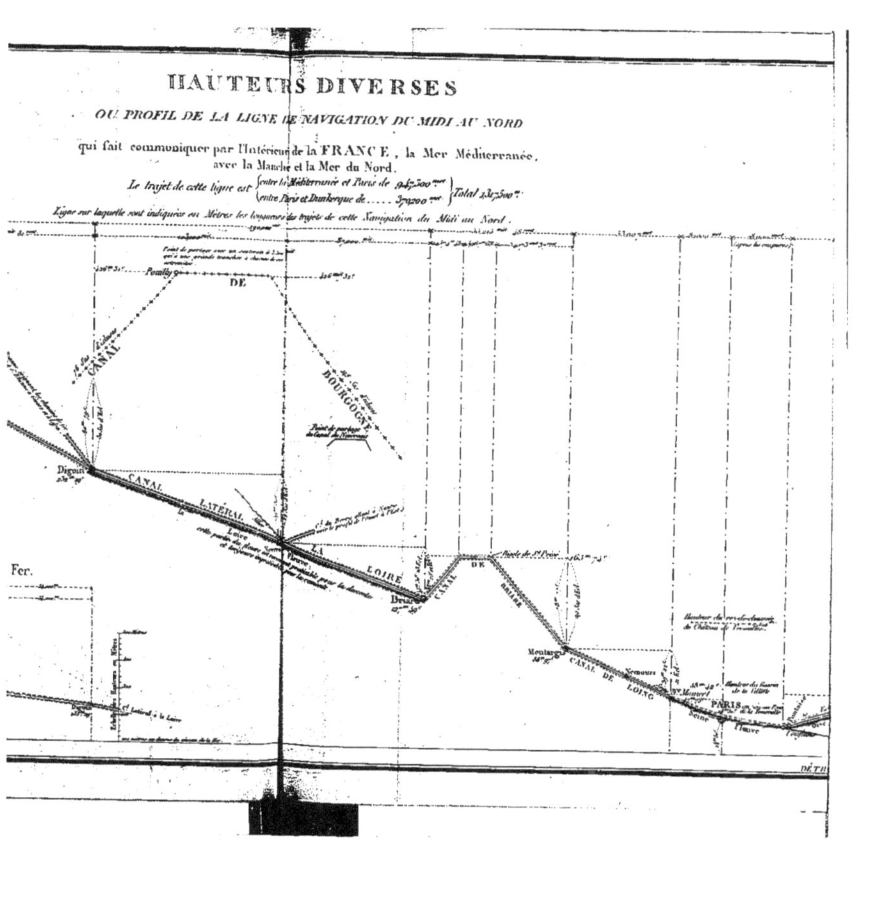

HAUTEURS DIVERSES
OU PROFIL DE LA LIGNE DE NAVIGATION DU MIDI AU NORD
qui fait communiquer par l'Intérieur de la FRANCE, la Mer Méditerranée,
avec la Manche et la Mer du Nord.
Le trajet de cette ligne est entre la Méditerranée et Paris de 945,500 mèt.
entre Paris et Dunkerque de ..... 370,200 mèt. Total 1,315,500 mèt.
Ligne sur laquelle sont indiquées en Mètres les longueurs des trajets de cette Navigation du Midi au Nord.
Pouilly
DE
CANAL
BOURGOGNE
Digoin
CANAL LATÉRAL
LOIRE
Fer.
Briare
CANAL DE BRIARE
Bâcle de St. Privé
Montargis
CANAL DE LOING
Nemours
St. Mammès
PARIS
Seine
Fleuve

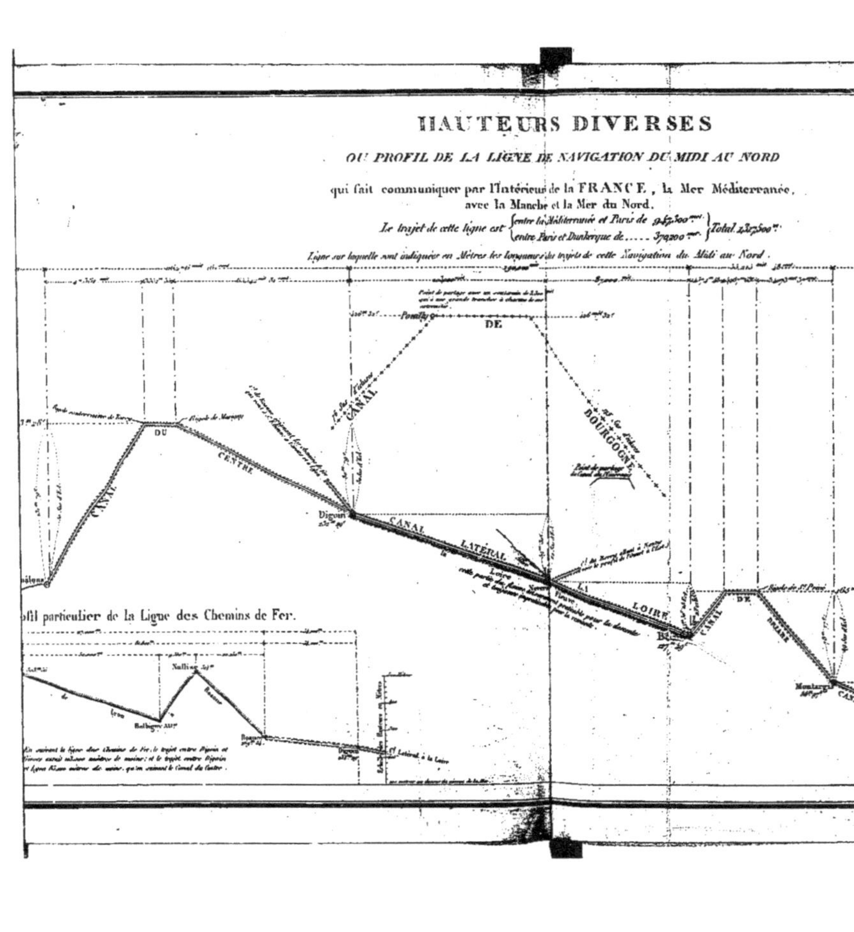
HAUTEURS DIVERSES
OU PROFIL DE LA LIGNE DE NAVIGATION DU MIDI AU NORD
qui fait communiquer par l'Intérieur de la FRANCE, la Mer Méditerranée,
avec la Manche et la Mer du Nord.
Le trajet de cette ligne est entre la Méditerranée et Paris de 942.300.™
entre Paris et Dunkerque de ..... 379.200.™ Total 1.321.500™
Ligne sur laquelle sont indiquées en Mètres les longueurs des trajets de cette Navigation du Midi au Nord.
CANAL DU CENTRE
CANAL
DE
CANAL LATÉRAL
LOIRE
BOURGOGNE
CANAL DE
Profil particulier de la Ligne des Chemins de Fer.
Échelle des Hauteurs en Mètres

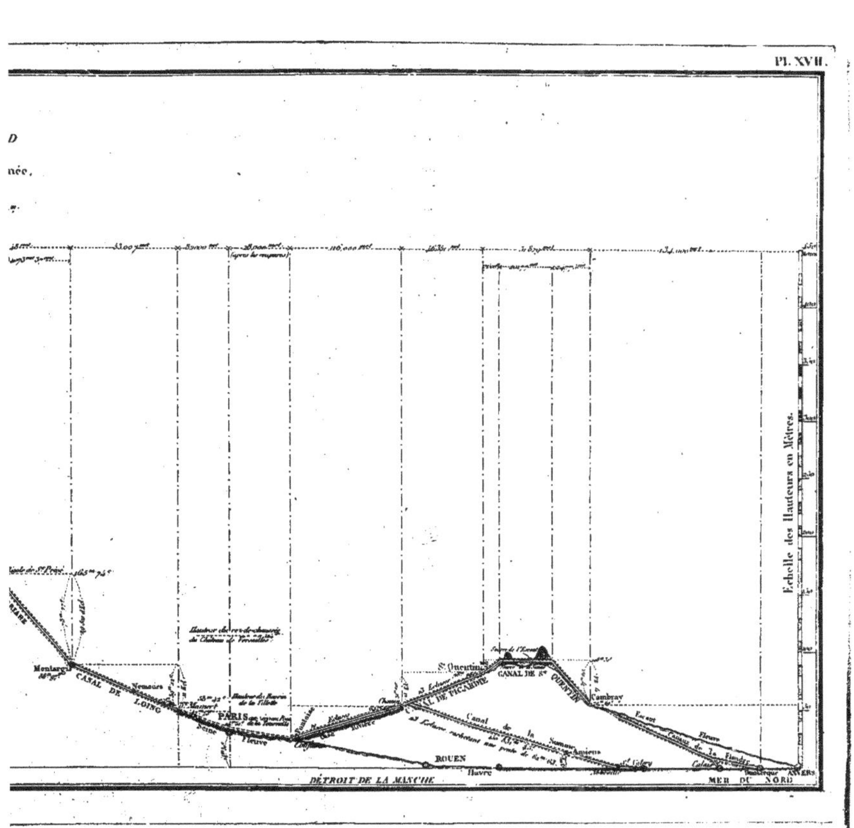
D
née,
Échelle des Hauteurs en Mètres.
Écluse de St Privé
Montargis
CANAL DE LOING
Nemours
Hauteur du rez-de-chaussée du Château de Versailles
Hauteur du Bassin de la Villette
PARIS
Seine
Fleuve
Pontoise
Oise
ROUEN
Havre
DÉTROIT DE LA MANCHE
CANAL DE PICARDIE
St Quentin
Source de l'Escaut
CANAL DE St QUENTIN
Cambray
Escaut
Canal de la Somme
Amiens
St Valery
Calais
Dunkerque
Canaux de la Flandre
Fleuve
MER DU NORD
ANVERS

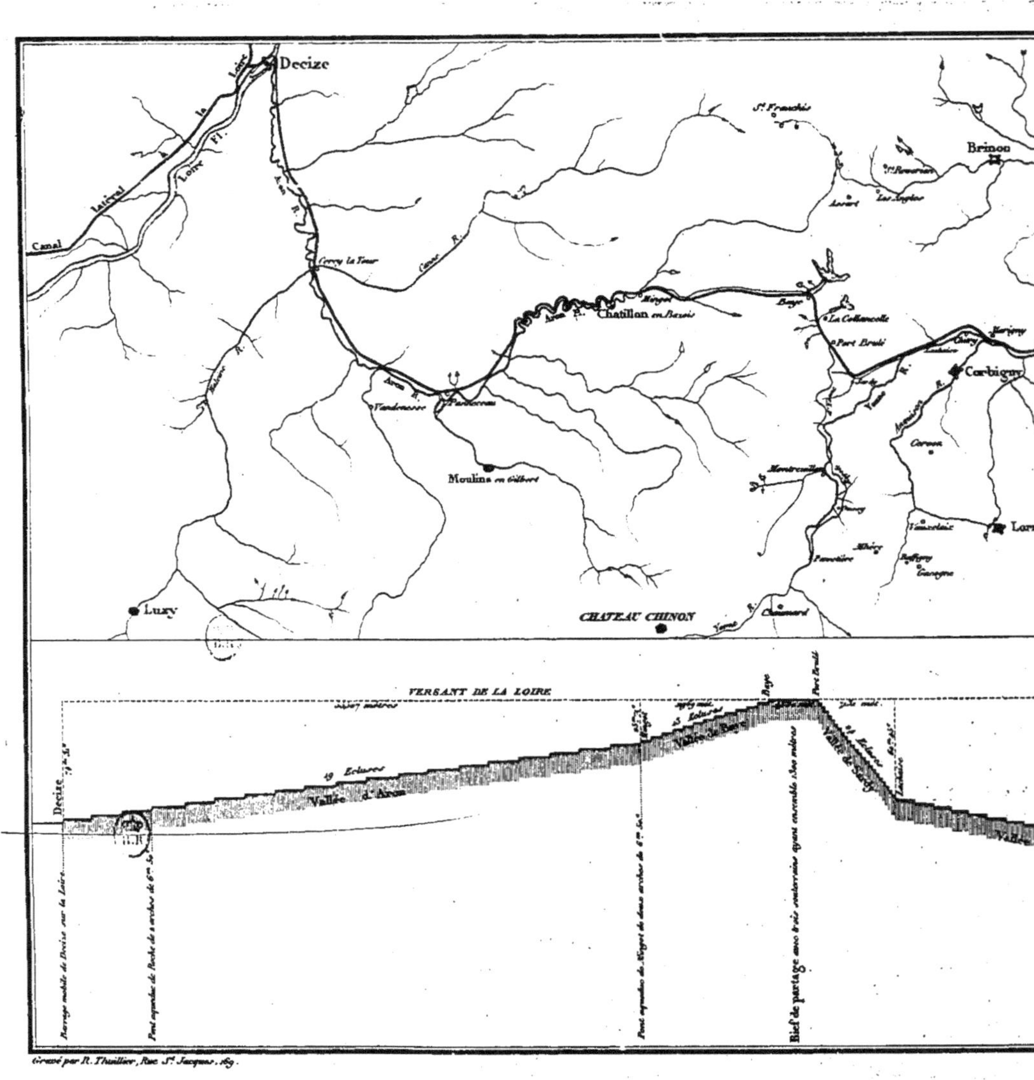
Decize
Canal latéral à la Loire
la Loire Fl.
Aron R.
Cercy la Tour
Canne R.
Veluze R.
Aron R.
Vandenesse
Panneçot
Moulins en Gilbert
Luxy
St Franchis
Brinon
Montreuillon
Chatillon en Bazois
Muzot
Baye
La Collancelle
Port Brulé
Chevy
Marigny
Corbigny
Cervon
Lorm
CHATEAU CHINON
VERSANT DE LA LOIRE
Decize 7.m.20
19 Écluses
Vallée d'Aron
Vallée de l'Yonne
Bief de partage avec trois souterrains ayant ensemble 3600 mètres
Barrage mobile de Decize sur la Loire
Pont aqueduc de Roche de 2 arches de 6m.50
Pont aqueduc de Bizot de deux arches de 6m.50
Gravé par R. Thuillier, Rue St Jacques, 169.

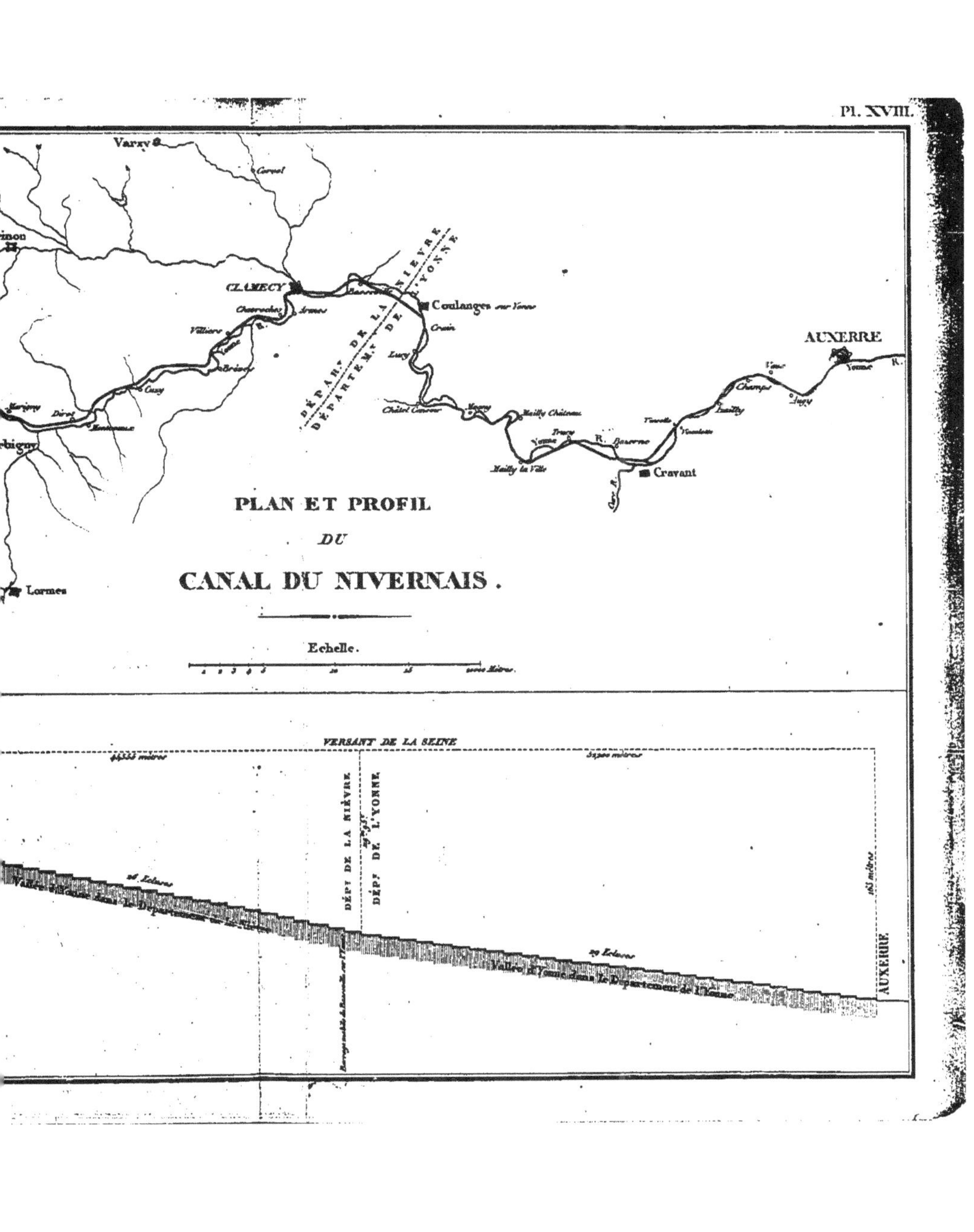

PLAN ET PROFIL
DU
CANAL DU NIVERNAIS.

Echelle.

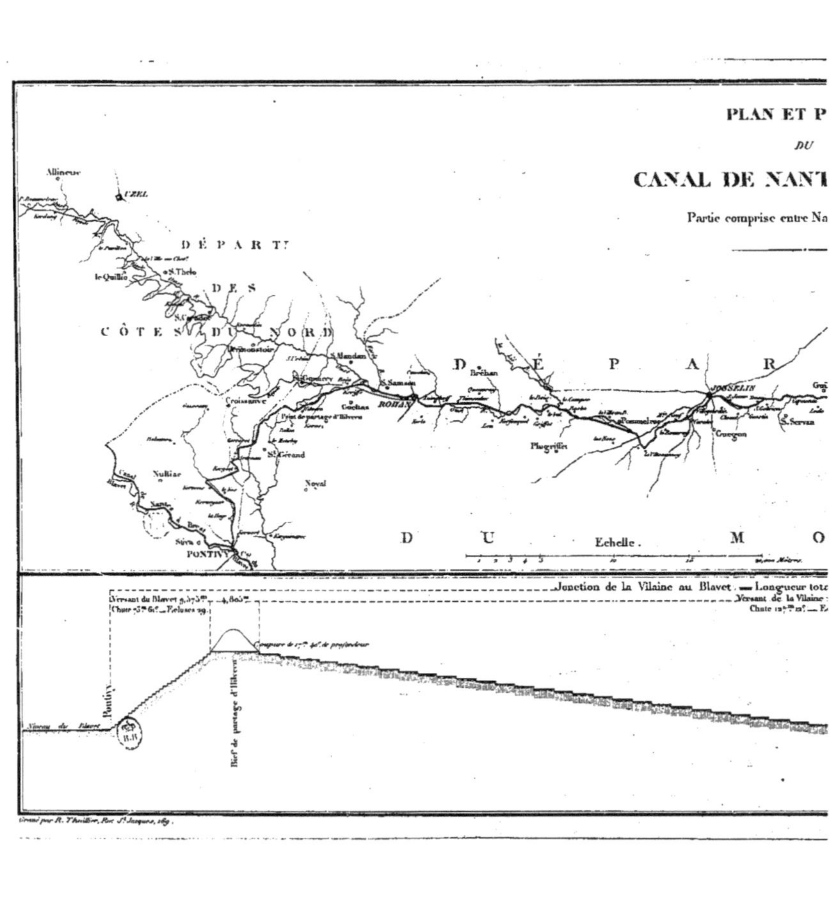

PLAN ET P
DU
CANAL DE NANT
Partie comprise entre Na
Allineuc
l'ZEL
DÉPART.t
DES
CÔTES DU NORD
le Quillio
S.t Thelo
S.t Caradec
Mur
Plumieaux
Hemonstoir
S.t Mandan
St.Gonnery
Croissanve
Cochan
ROHAN
Point de partage d'Hilvern
S.t Gérand
Nubiac
Noyal
PONTIVY
D. Brehan
DÉPAR
JOSSELIN
Plugriffet
Guegon
D   U   Echelle.   M   O
Junction de la Vilaine au Blavet.   Longueur tot
Versant du Blavet 9.675.m   4.805.m   Versant de la Vilaine
Chute 53.6.t   Ecluses 29   Chute 12.m. 2.t
Niveau du Blavet
Pontivy
Bief de partage d'Hilvern
Gravé par R. Thuillier, Rue S.t Jacques, 1839.

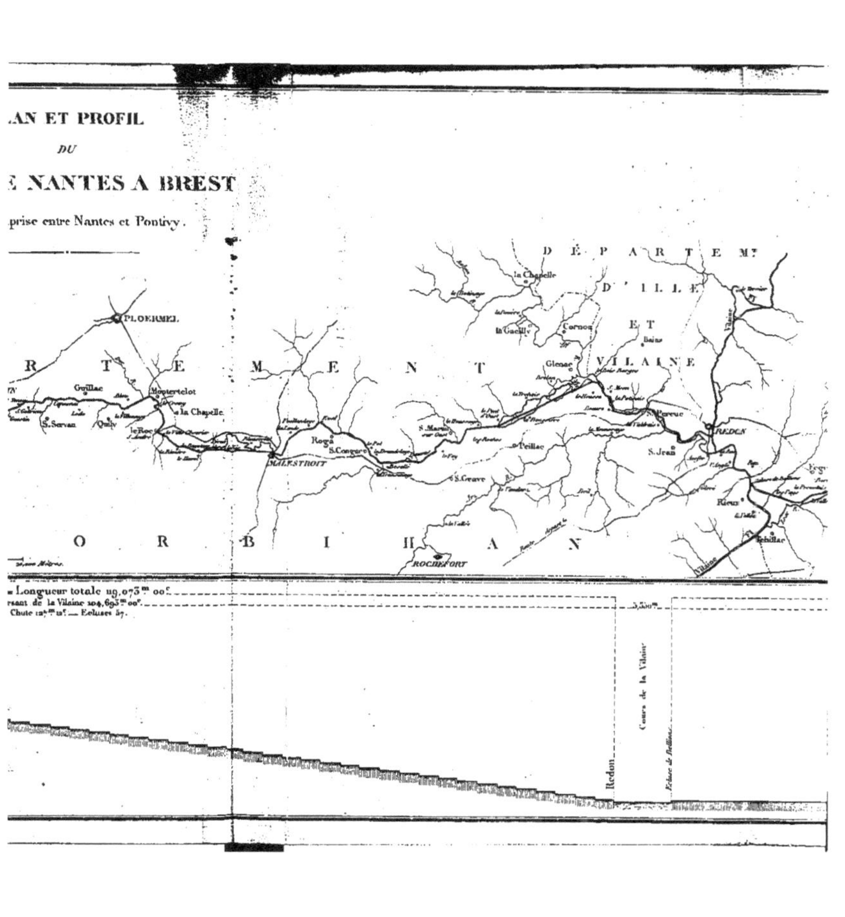

..AN ET PROFIL
DU
..E NANTES A BREST
..prise entre Nantes et Pontivy.
PLOERMEL.
DÉPARTEM.T
D' ILLE
ET
VILAINE
DÉPARTEMENT
ORBIHAN
Guillac
Montertelot
la Chapelle
S. Servan
Quily
le Roc
Roga
MALESTROIT
S. Congard
S. Greave
ROCHEFORT
la Chapelle
la Gacilly
Cornoc
Glenac
Bains
S. Martin
Trillac
Peaue
REDON
S. Jean
Rieux
Ichillac
Longueur totale 119,073.m 00.c
..ssant de la Vilaine 104,693.m 00.c
Chute 121.m ..c — Ecluses 57.
Redon
Cours de la Vilaine
Ecluse de Pellions

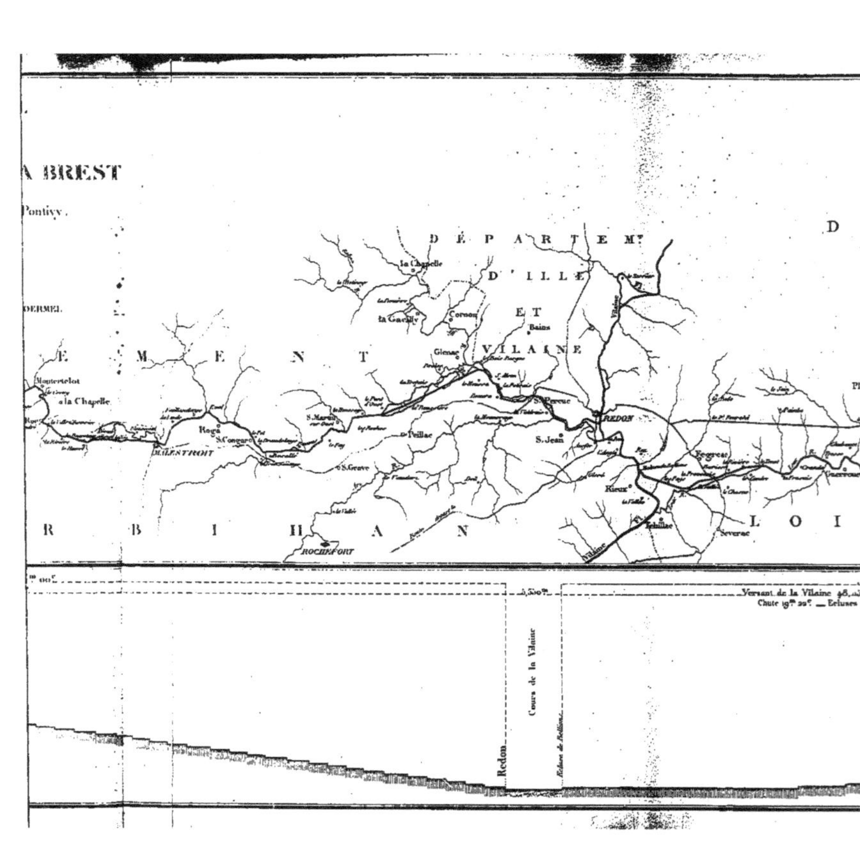

A BREST
Pontivy
DERMEL
Montertelot
a la Chapelle
Rega
S. Congard
MALESTROIT
S. Greve
ROCHEFORT
la Chapelle
Cornen
la Gacilly
Glenac
VILAINE
Bains
DÉPARTEM.T
D'ILLE
ET
S. Marin
Peillac
S. Perreu
REDON
S. Jean
Rieux
S.t Chillac
Severac
Fegreac
D
PL
LOI
R B I H A N
E M E N T
Versant de la Vilaine
Chute — Ecluses
Cours de la Vilaine
Redon
Ecluse de Bellions

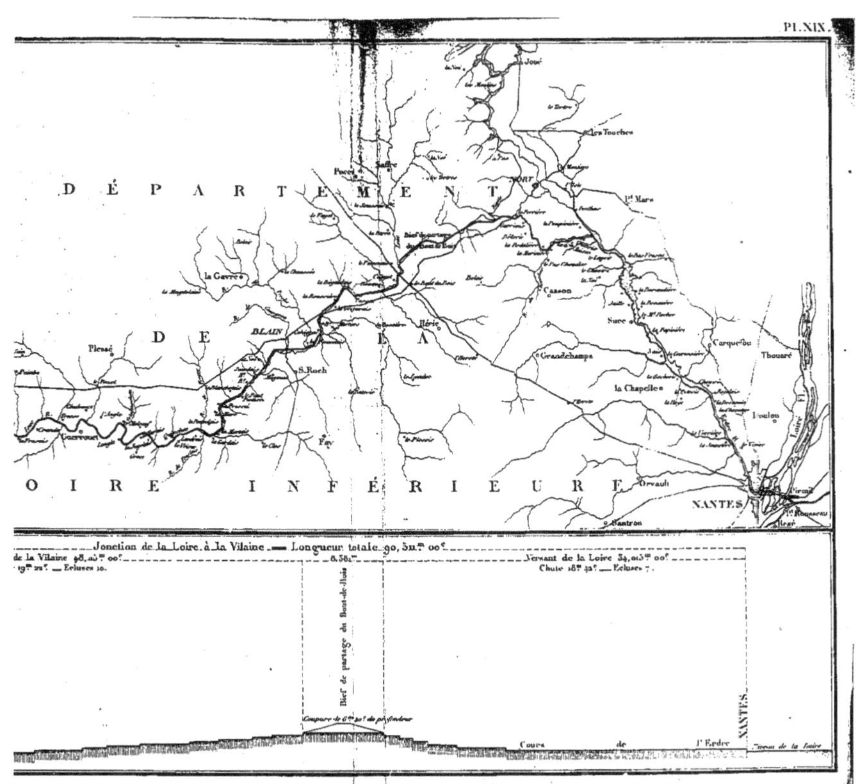
DÉPARTEMENT DE LA LOIRE INFÉRIEURE
Plessé
la Gavre
BLAIN
S. Roch
Pontchâteau
Casson
Grandchamps
la Chapelle
Orvault
NANTES
Thouaré
Carquefou
Sautron
Jonction de la Loire à la Vilaine. — Longueur totale 90,515m 00c.
de la Vilaine 45,815m 00c.
Versant de la Loire 54,615m 00c.
Écluses 10.
Chute 18m 42c. Écluses 7.
Bief de partage du Bout-de-Bois
Cours de l'Erdre

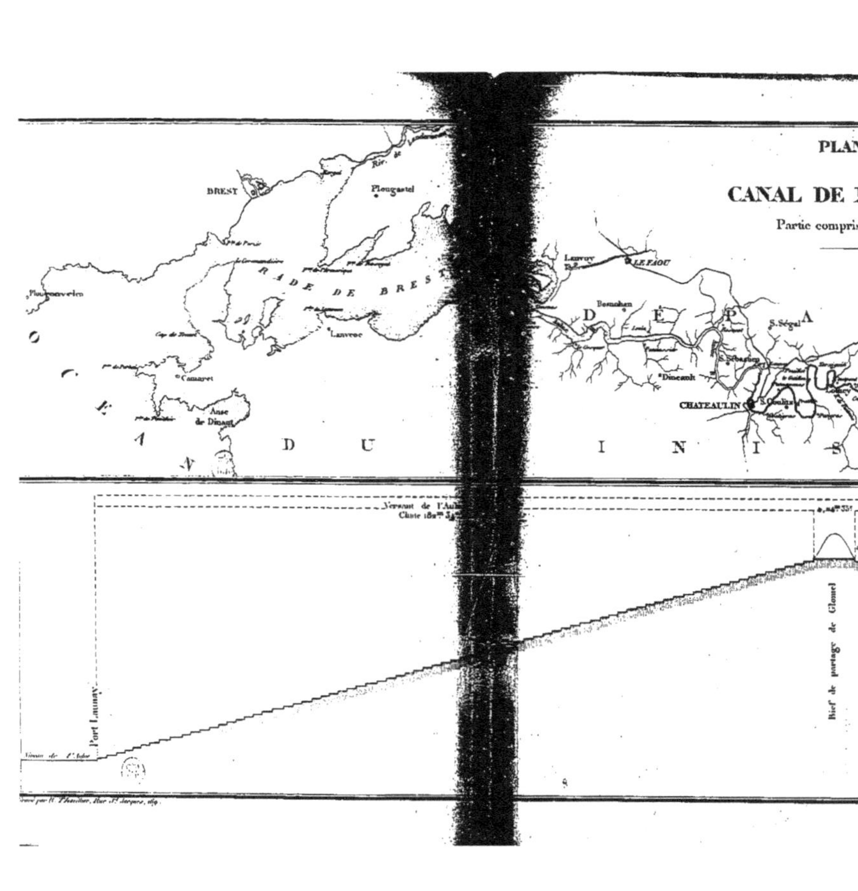
PLAN
CANAL DE
Partie compris
BREST
Plougastel
RADE DE BREST
Plouroconvelin
Cap de Dinant
Camaret
Anse de Dinant
Lanvroc
Lanvroy
LE FAOU
Bossahan
D E P A
S. Ségal
S. Sébastien
Dineault
CHATEAULIN S. Coulitz
O
A D U I N I S
Versant de l'Aulne
Chute 182m 34
Port Launay
Bief de partage de Glomel
Niveau de l'Aulne
Grave par H. Plassilier, Rue St Jacques, 69.

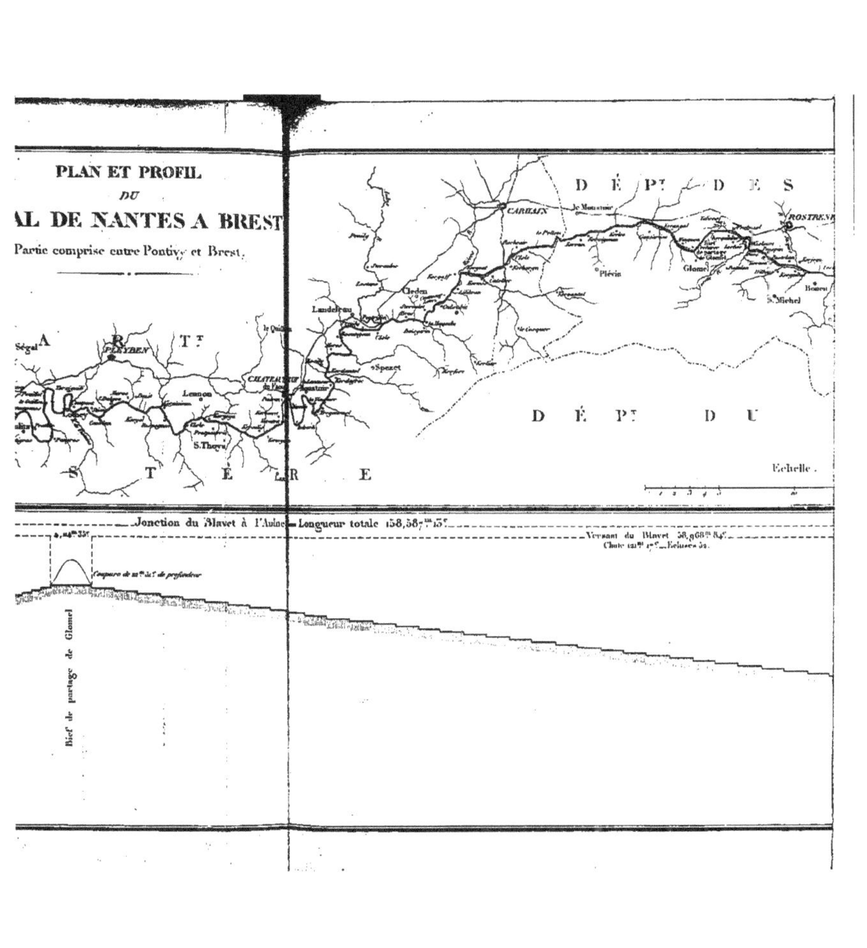

PLAN ET PROFIL
DU
AL DE NANTES A BREST
Partie comprise entre Pontivy et Brest.
Ségal
A R T
PLEYBEN
le Quillio
CHATEAUNEUF
du Faou
Landeleau
Spezet
S. Thois
CARHAIX
le Moustoir
le Pellin
Plévin
DÉP.T DES
Glomel
S. Michel
ROSTRENEN
Bonen
DÉP.T DU
Echelle.
Jonction du Blavet à l'Aune — Longueur totale 158,587.m.15.c
Versant du Blavet 58,968.m.84.c
Chute 121.m 1.c — Ecluses 59.
Coupure de 22.m de 1.c de profondeur
Bief de partage de Glomel

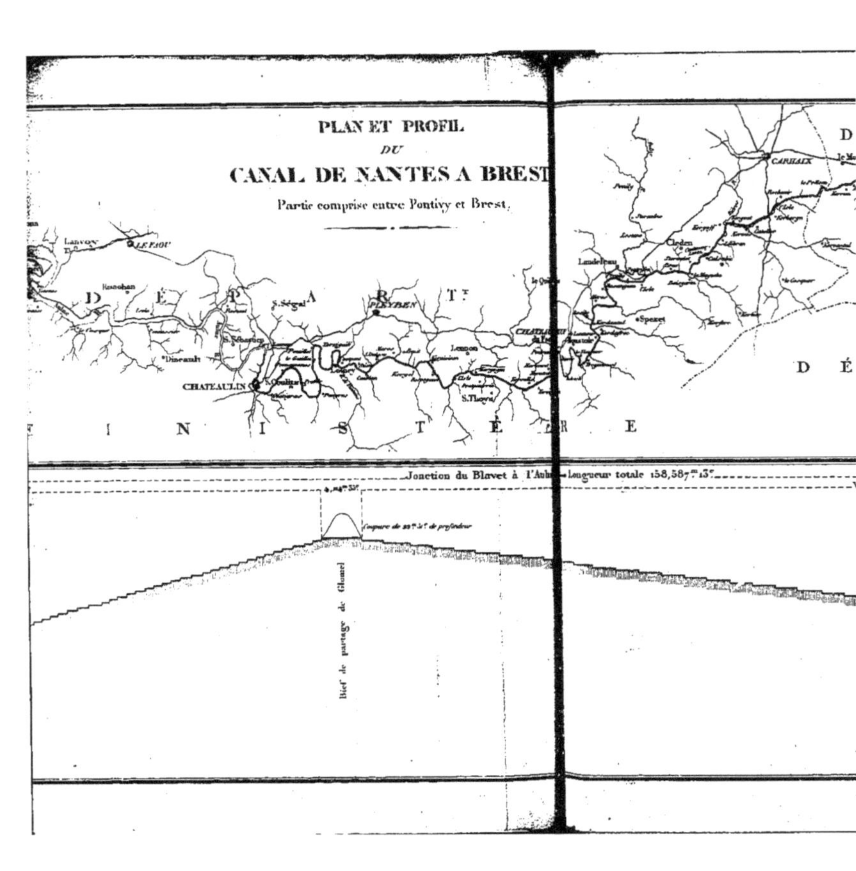

PLAN ET PROFIL
DU
CANAL DE NANTES A BREST
Partie comprise entre Pontivy et Brest.
Jonction du Blavet à l'Aulne — Longueur totale 158,587m 13c.
Bief de partage de Glomel

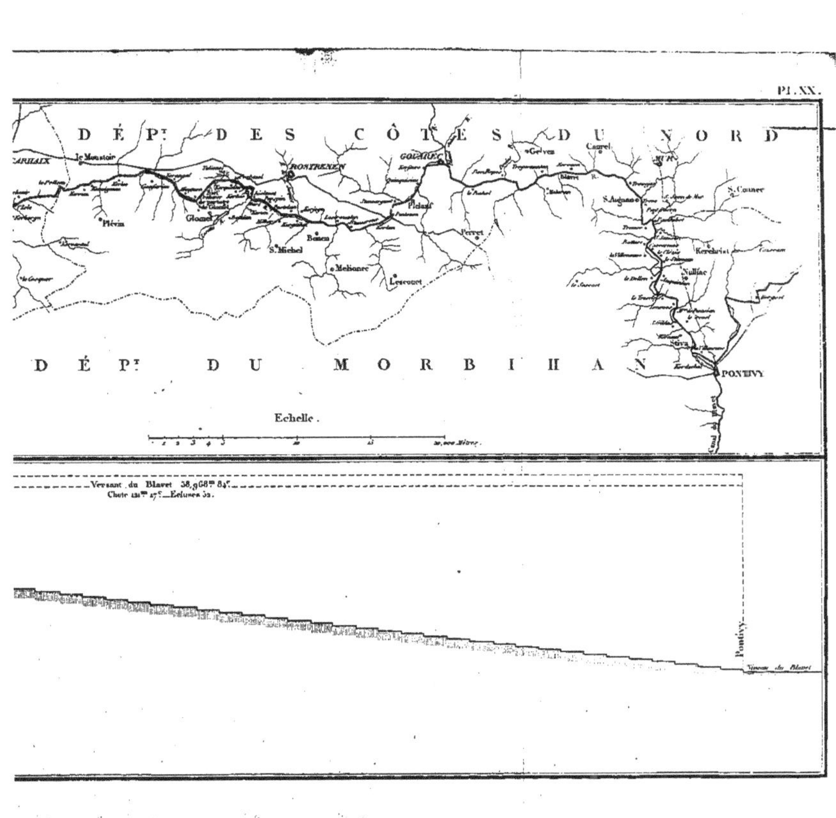
DÉP.T DES CÔTES DU NORD
DÉP.T DU MORBIHAN
CARHAIX
le Moustoir
ROSTRENEN
GOUAREC
Gelven
Caurel
S.t Connec
S.t Aignan
Kerchrist
Plévin
Gloasc
S.t Michel
Bonen
Melionec
Lescouet
Plouf
Perret
Nulliac
Stival
PONTIVY
Canal du Blavet
Echelle.
1 2 3 4 5   10   15   20,000 Mètres.
Versant du Blavet 58,968.m 84.c
Chute 121.m 17.c — Ecluses 52.
Pontivy
Niveau du Blavet

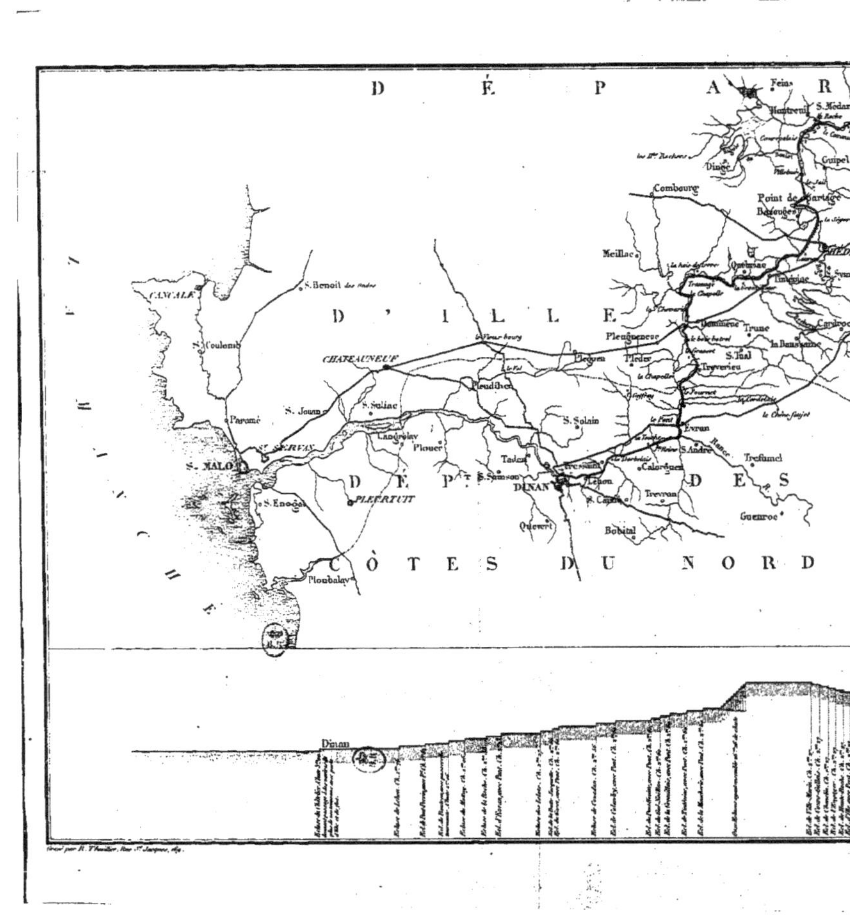

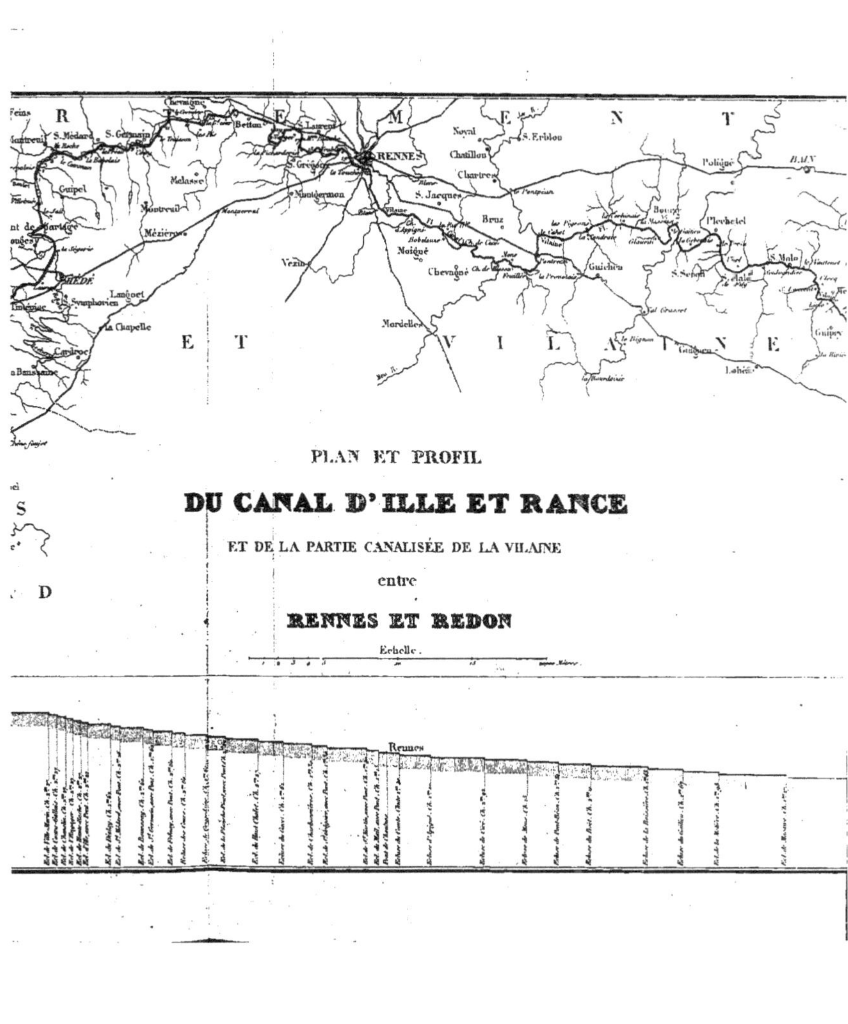

PLAN ET PROFIL
DU CANAL D'ILLE ET RANCE
ET DE LA PARTIE CANALISÉE DE LA VILAINE
entre
RENNES ET REDON
Echelle.

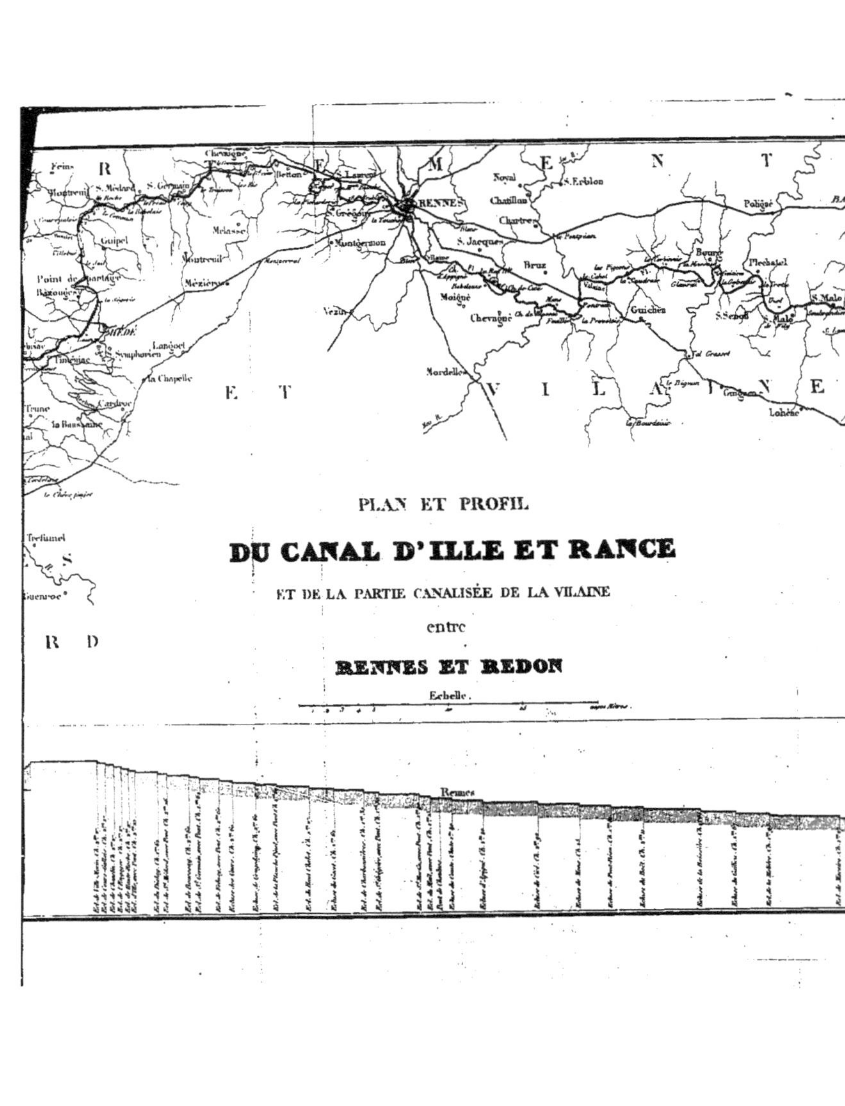
PLAN ET PROFIL
DU CANAL D'ILLE ET RANCE
ET DE LA PARTIE CANALISÉE DE LA VILAINE
entre
RENNES ET REDON
Echelle.

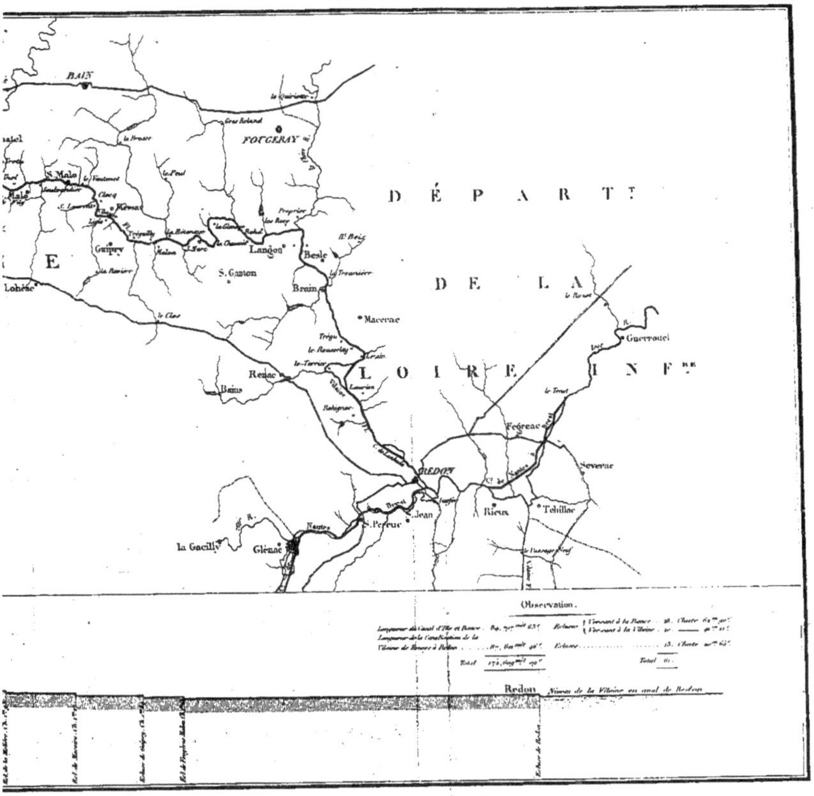

Pl. XXI.
BAIN
le Quirion
Gras Roland
FOUGERAY
la Brosse
le Paul
DÉPART.t
S.t Malo
le Vautenet
Clercq
Kernat
Prosprier
les Roug
Trijouly
la Besumaire
la Glin
Rahel
la Chemil
H.t Boiz
Guipry
Maion
le Bore
Langon
Besle
DE LA
la Ravier
S. Gaston
la Tresnière
Lohéac
Brain
le Clos
Macerac
le Ravot
Guerrouel
Trigu
le Rousselay
Lrain
le Terrier
Renac
LOIRE INF.re
Bains
Rahignae
le Tenet
Fégreac
Canal de ...
REDON
C.t de ...
Neverac
le R.
Nantes
Brot
Juffré
Rieux
Tchillac
S. Perreu
.Jean
la Gacilly
Glénac
le Passage Neuf
Observation.
Longueur du Canal d'Ille et Rance . . Rq. 9.er mèt 63.c   Retenue { Versant à la Rance . . . 28. Chute 6.a m 90.c
Longueur de la Canalisation de la   { Versant à la Vilaine . . 30. ——— 40 m 63.c
Vilaine de Rennes à Redon . . . . . . 81.m 8.a mèt 90.c   Ecluse . . . . 13. Chute 20 m 63.c
                              Total   172.tbag mèt 40.c   Total 61.
Redon   Niveau de la Vilaine en aval de Redon
Echelle de Redon

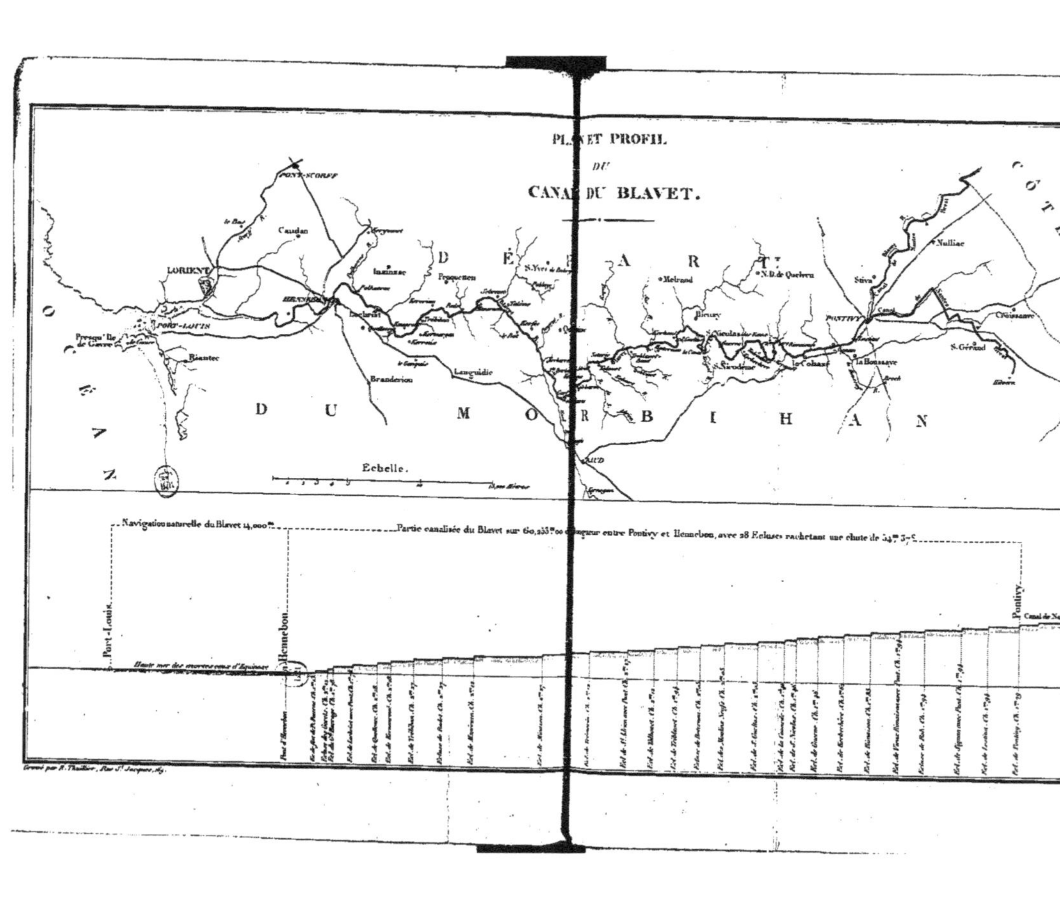

PLAN ET PROFIL
DU
CANAL DU BLAVET.
Echelle.
Navigation naturelle du Blavet 14,000.
Partie canalisée du Blavet sur 60,233 de longueur entre Pontivy et Hennebon, avec 28 Écluses rachetant une chute de 54.
Port-Louis.
Hennebon.
Pontivy.
Gravé par R. Thuillier, Rue St Jacques, 65.

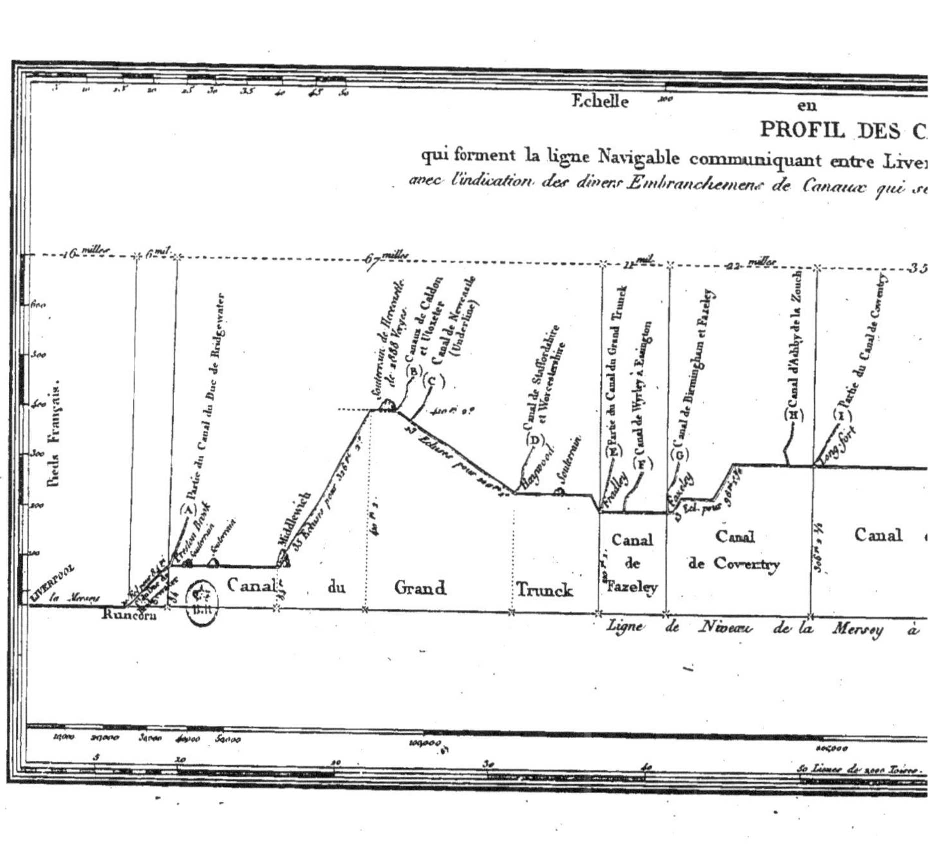

Echelle
en
PROFIL DES C
qui forment la ligne Navigable communiquant entre Liver
avec l'indication des divers Embranchemens de Canaux qui se
Pieds Français.
Partie du Canal du Duc de Bridgewater
Souterrain de 2888 Verges
Canaux de Caldon et Uxoster
Canal de Newcastle (Underline)
Canal de Stafford-shire et Worcestershire
Partie du Canal du Grand Trunck
Canal de Wyrley à Essington
Canal de Birmingham et Fazeley
Canal d'Ashby de la Zouch
Partie du Canal de Coventry
(A)
(B) (C)
(D)
(E)
(F)
(G)
(H)
(I)
LIVERPOOL
la Mersey
Runcorn
Middlewich
Canal   du   Grand   Trunck
Canal de Fazeley
Canal de Coventry
Canal
Ligne   de   Niveau   de la   Mersey   à

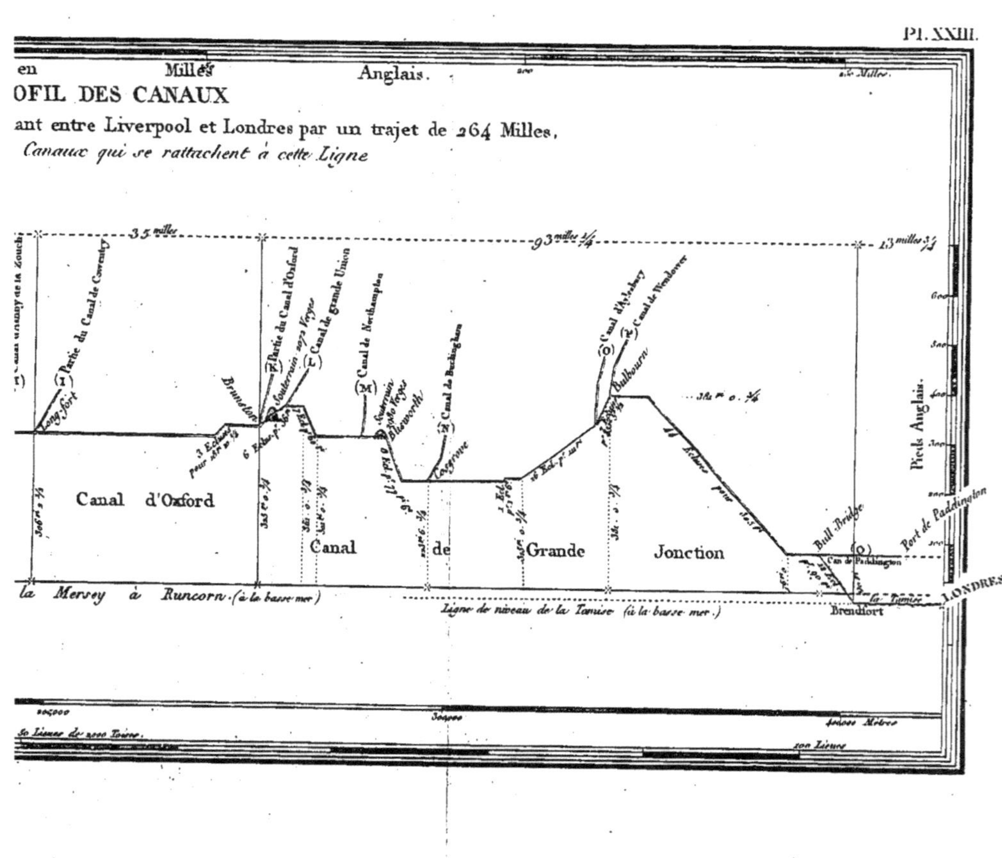

en Milles Anglais.
OFIL DES CANAUX
ant entre Liverpool et Londres par un trajet de 264 Milles,
Canaux qui se rattachent à cette Ligne
3 5 milles
93 milles 1/4
13 milles 3/4
Partie du Canal de Coventry
Partie du Canal d'Oxford
Canal de grande Union
Canal de Northampton
Canal de Buckingham
Canal d'Aylesbury
Canal de Wendover
Canal d'Oxford
Canal de Grande Jonction
Bull Bridge
Can. de Paddington
Port de Paddington
Pieds Anglais.
la Mersey à Runcorn (à la basse mer)
Ligne de niveau de la Tamise (à la basse mer)
Brendfort
la Tamise
LONDRES
So Lieues de 2000 Toises.
100 Lieues
Mètres

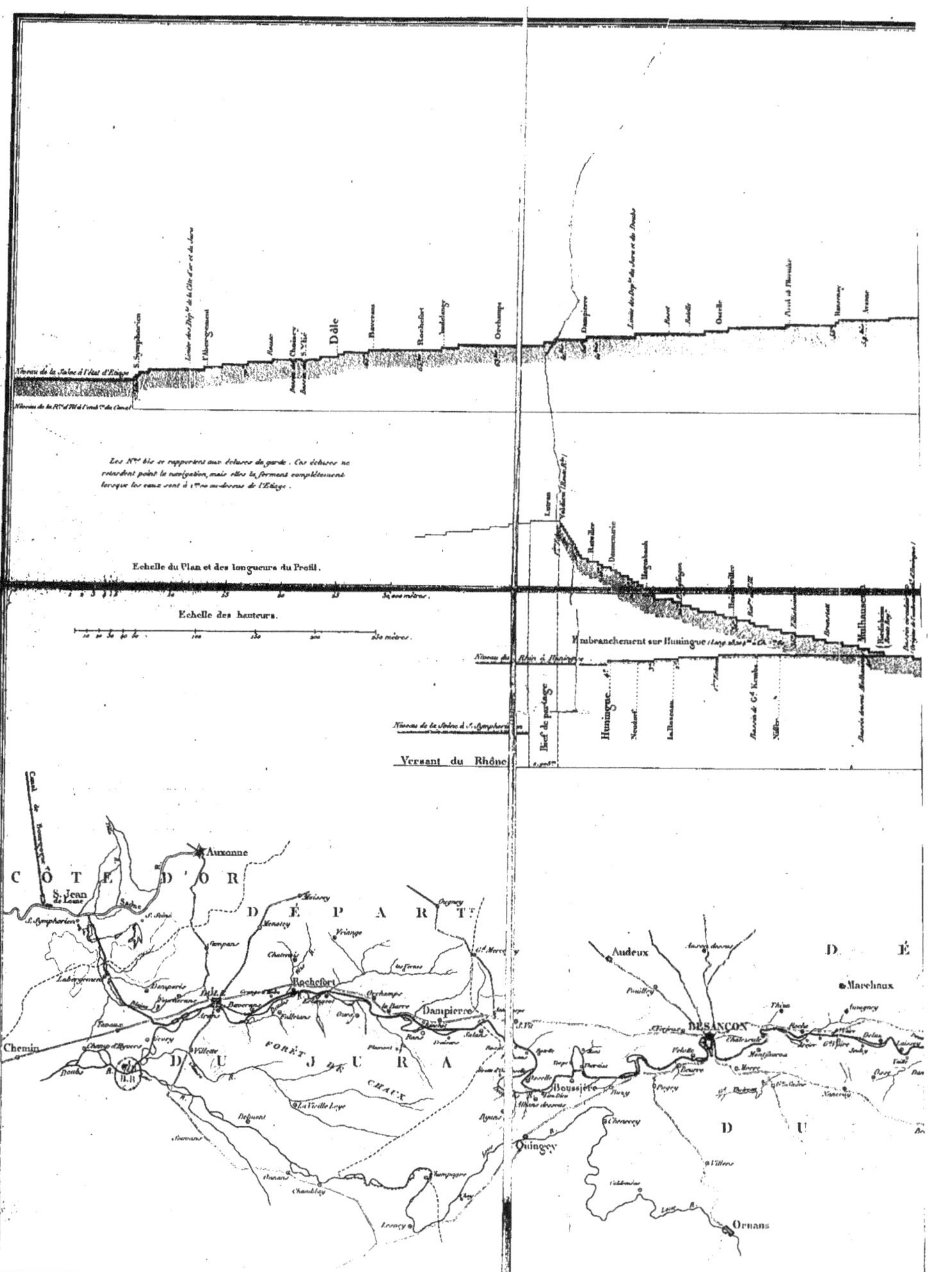

Echelle du Plan et des longueurs du Profil.

Echelle des hauteurs.

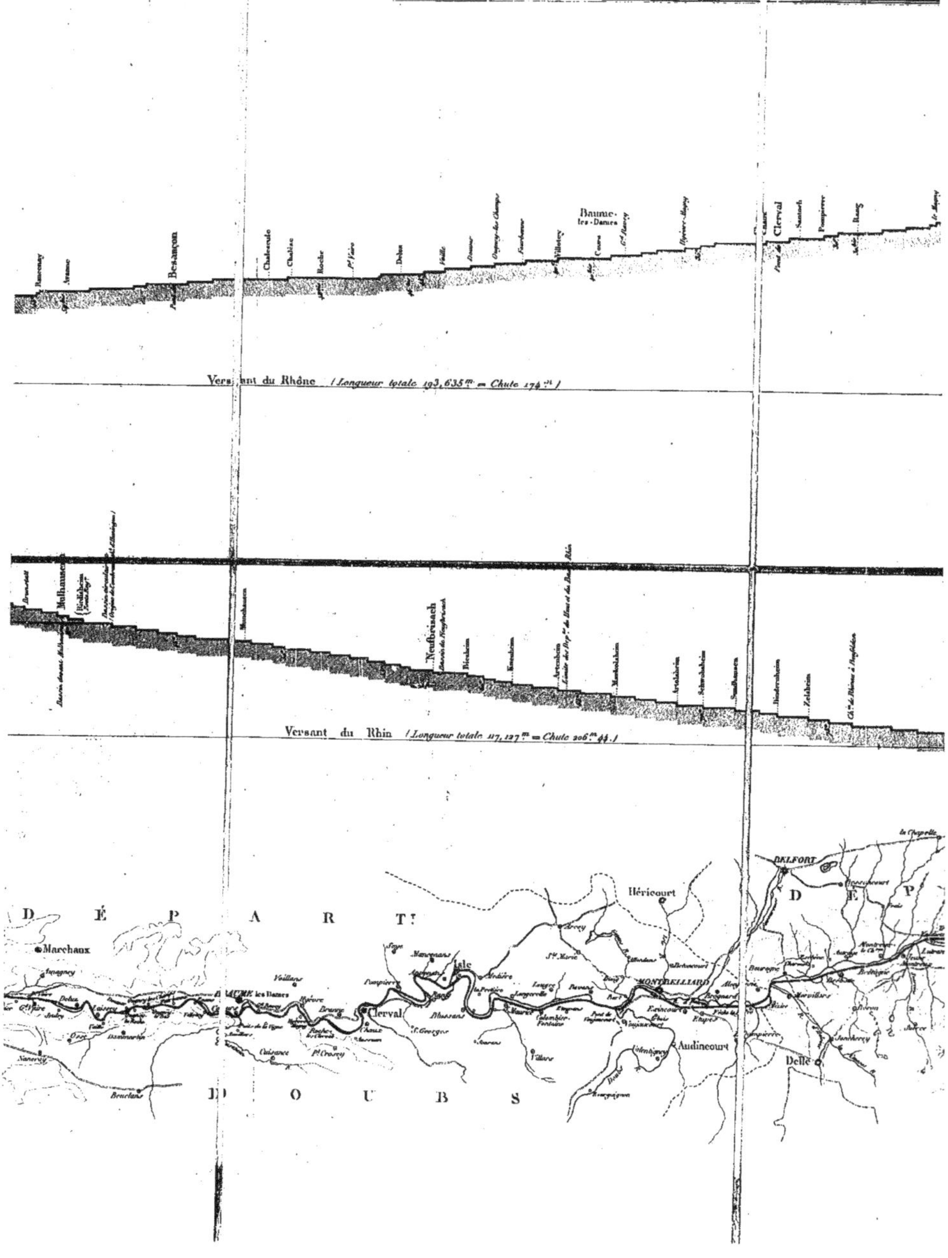

Besançon
Baume-les-Dames
Clerval
Versant du Rhône (Longueur totale 193,635.m = Chute 174.m)
Mulhausen
Neubreisach
Versant du Rhin (Longueur totale 117,127.m = Chute 206.m 44.)
BELFORT
Héricourt
D É P A R T.t
Marchaux
Isle
MONTBÉLLIARD
Clerval
Audincourt
Delle
D O U B S

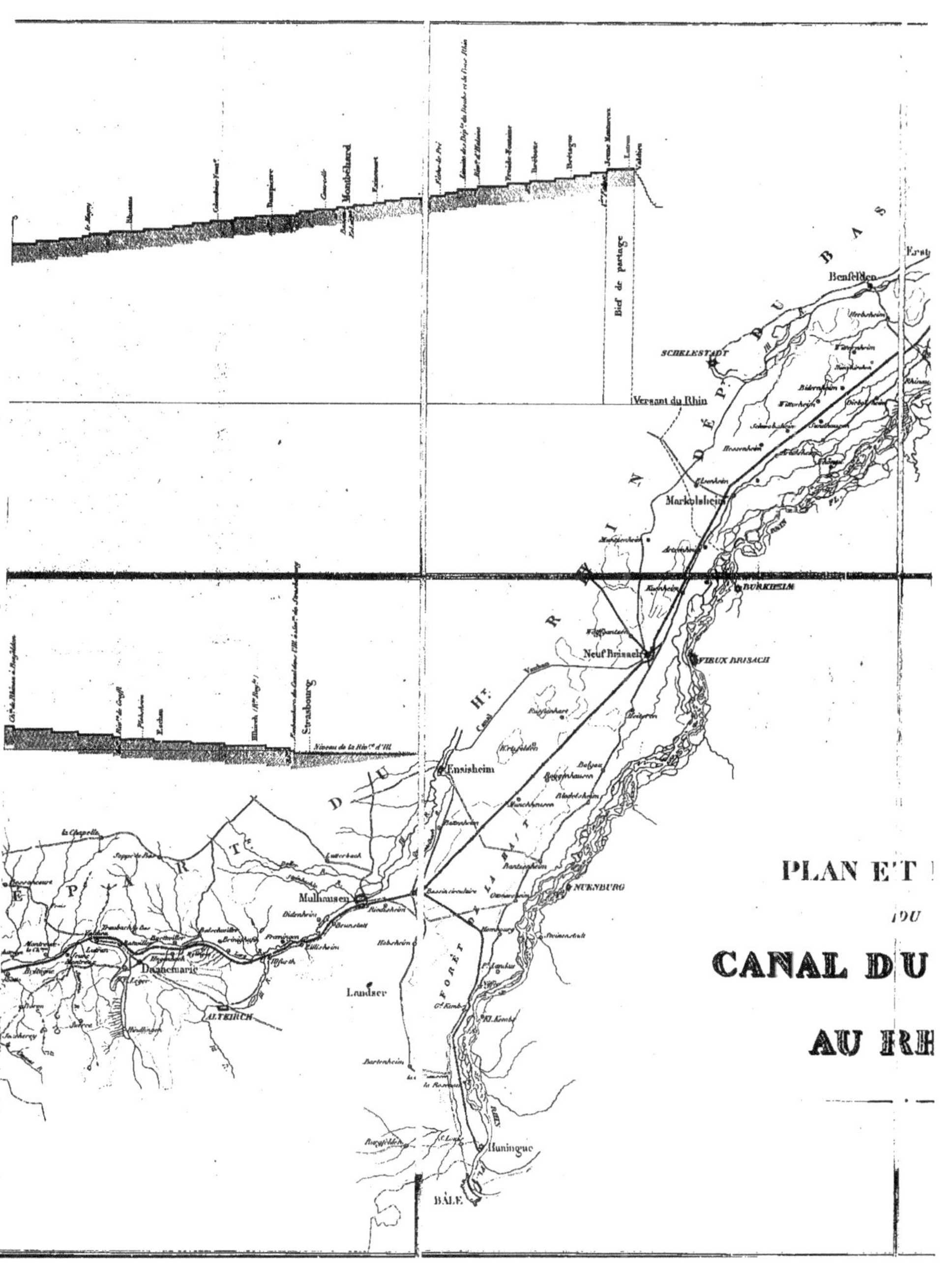

PLAN ET
DU
CANAL DU
AU RH
Bief de partage
Versant du Rhin
Niveau de la Riv.re d'Ill
Strasbourg
Mulhausen
Ensisheim
Neuf Brisach
VIEUX BRISACH
BURKHEIM
Marktolsheim
SCHELESTADT
Benfelden
NUENBURG
Landser
Dannemarie
ALTKIRCH
Huningue
BÂLE

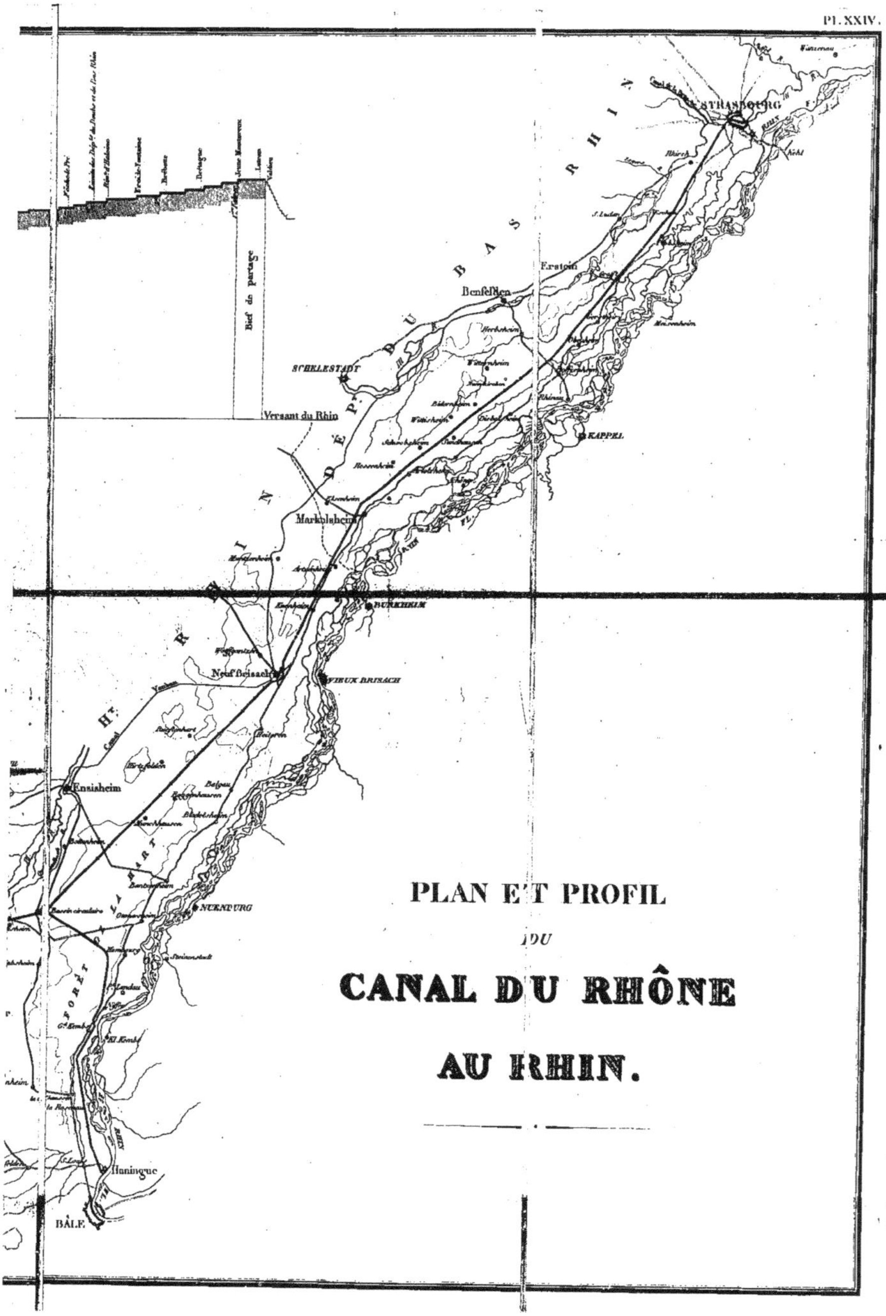

STRASBOURG
Erstein
Benfelden
SCHELESTADT
Versant du Rhin
Bief de partage
Markolsheim
BAS RHIN
HAUT RHIN
Neuf Brisach
VIEUX BRISACH
BURKHEIM
KAPPEL
Ensisheim
NEUENBURG
Huningue
BÂLE
PLAN ET PROFIL
DU
CANAL DU RHÔNE
AU RHIN.

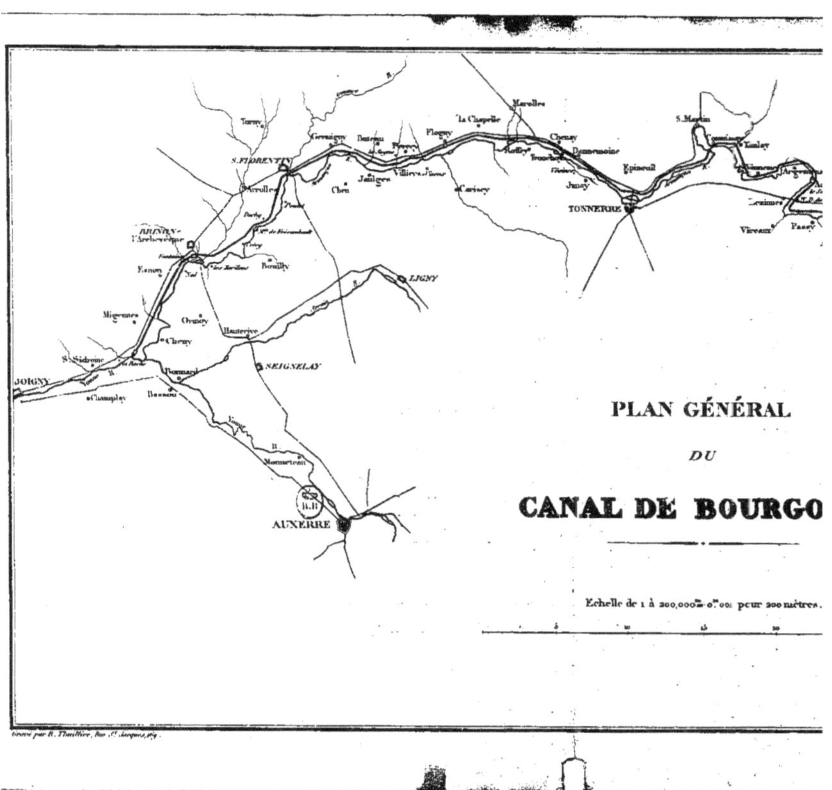

PLAN GÉNÉRAL

DU

CANAL DE BOURGO

Echelle de 1 à 200,000^e=0^m,001 pour 200 mètres.

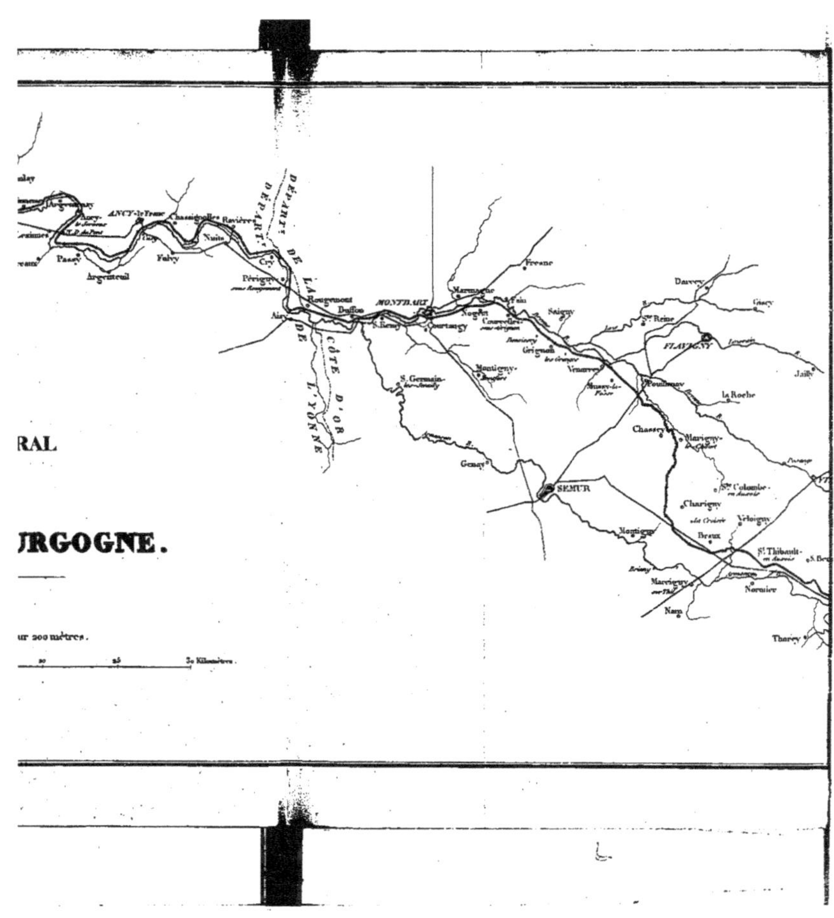
RAL
URGOGNE.
ur 200 mètres.
20   25   30 Kilomètres.
ANCY-le-Franc
Chassignelles
Ravières
N.D. du Pont
Nuits
Tanl
Cry
Passy
Falvy
Argenteuil
Périgny
sous Montréal
Rougemont
Duffon
Airy
MONTBAIT
Nogent
Courtangy
Freane
Marmagne
Vic
Saigny
Courcelles
sous Grignon
Grignon
les Granges
Benoisey
Vernarey
Montigny-
Ronjoux
S. Germain-
des Bonelly
Genay
Davrey
Chassy
St Reine
FLAVIGNY
Laverotte
Jailly
Pouillenay
la Roche
Chassey
Marcigny-
Chisset
Ste Colombe
en Auxois
Charigny
les Croisées
Velaigny
SEMUR
Montigny
Breux
St Thibault-
en Auxois
S. Bre
Marcigny-
sur Thil
Normier
Nazp
Thorey
DÉPARTᵀ DE LA CÔTE D'OR
DÉPARTᵀ DE L'YONNE

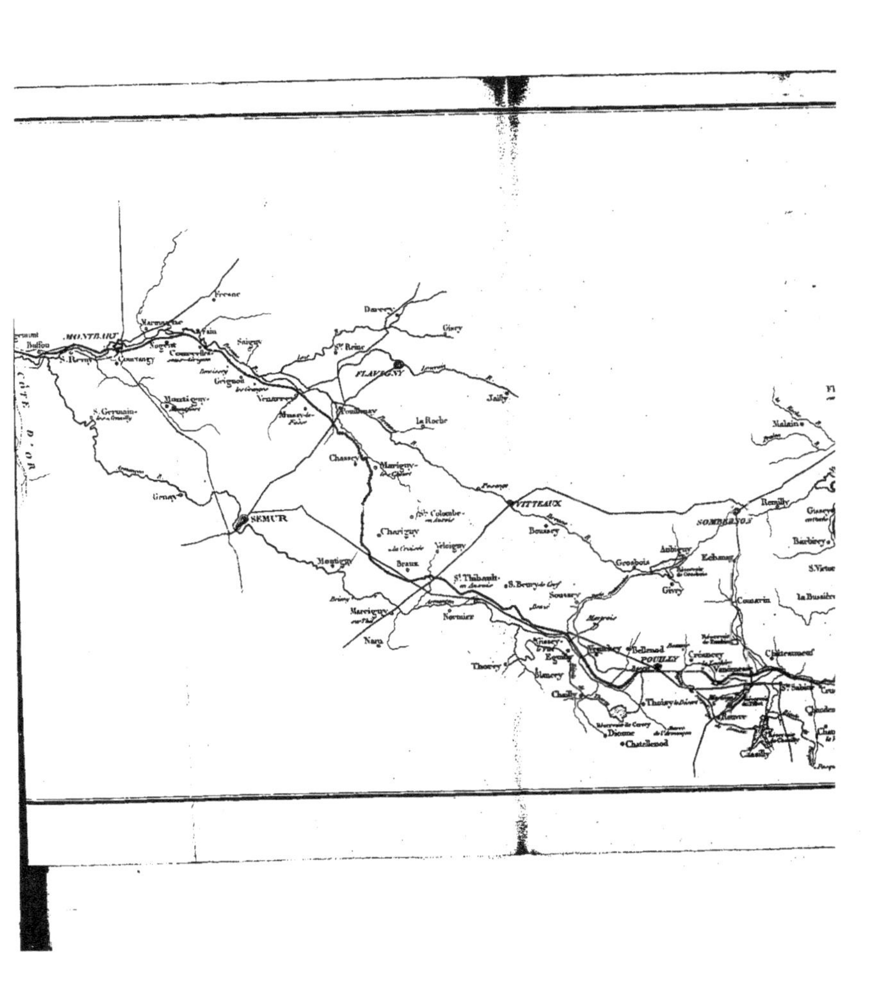

CÔTE D'OR
MONTBART
Buffon
S. Remy
Courtangy
Marmagne
Vain
Nogent
Coursevilles
Saigny
Fresne
Darcey
Givry
Ste Reine
FLAVIGNY
Jeutin
Jailly
Grignon
Venarey
Montigny
Massey-le-Fabre
Pouillenay
la Roche
Chassey
Marigny
Chateau-Colombe-en-Auxois
VITTEAUX
Passange
SEMUR
Charigny
Boussey
Remilly
SOMBERNON
Barbirey
S. Virtue
la Bussière
Montigny
Braux
Veloigny
Grosbois
Amburey
Echanoz
Nan
St Thibault-en-Auxois
S. Beury-le-Cerf
Soussey
Givry
Conarin
Marcieux-sur-Thil
Neuvière
Mauroix
Vissey
Egrilly
Bligny
POUILLY
Bellenod
Crémincy
Chateauneuf
Thoisy
Blanosy
Chailly
Thoisey-le-Desert
Dionne
Chatellenol

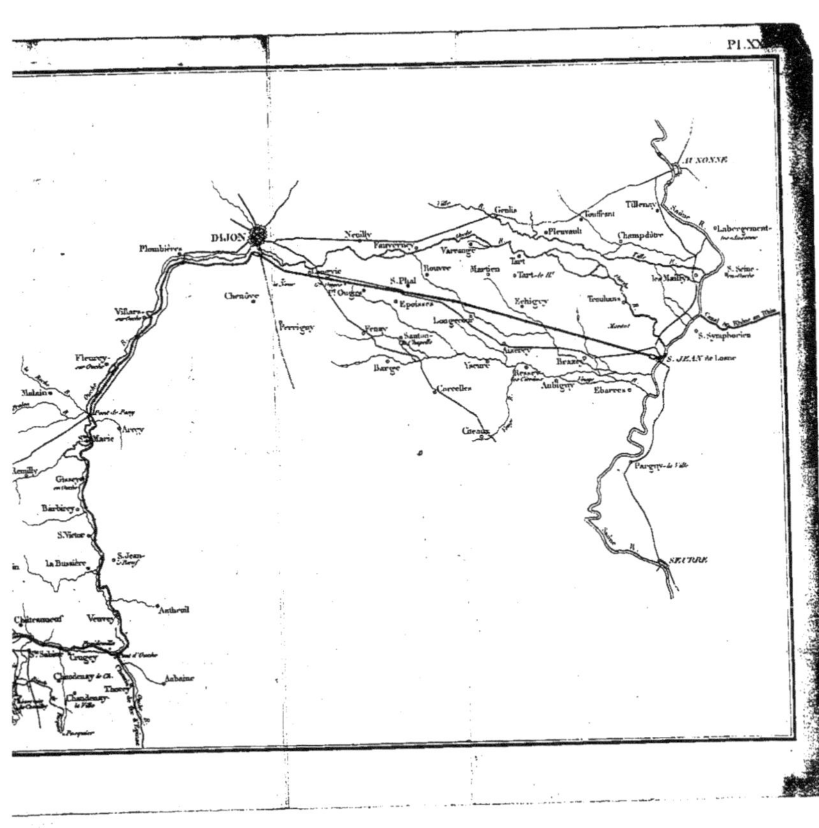
AUXONNE
Tille
Grolis
Touffrant
Tillenay
Sadur
Pleuvault
Champdôtre
Labergement
S. Seine
DIJON
Neuilly
Plombières
Varanges
Tart
Ire Maille
Fauverney
Rouvre
Martien
Tart-le-H.
Chenôve
S. Phal
Ouges
Echigny
Treuhan
Morest
Perrigny
Epoisses
Longecourt
Villars
Fenay
Santan-
la-Chapelle
Auxey
S. Symphorien
S. JEAN de Losne
Fleurey-
sur-Ouche
Broin
Magny
Brazey-
en-Plaine
Barge
Visure
Malain
Corcelles
Aubigny
Ebarres
Pont-de-Pany
Arcey
Marie
Citeaux
Pargny-le-Ville
Nemilly
Glanoy-
en-Ouche
Barbirey
S. Victor
S. Jean-
la-Bussière
SEURRE
Anthueil
Châteauneuf
Veuvey
S. Sabine
Crugey
Pont d'Ouche
Chaudenay-le-Ch.
Aubaine
Thures
Chaudenay-
la-Ville

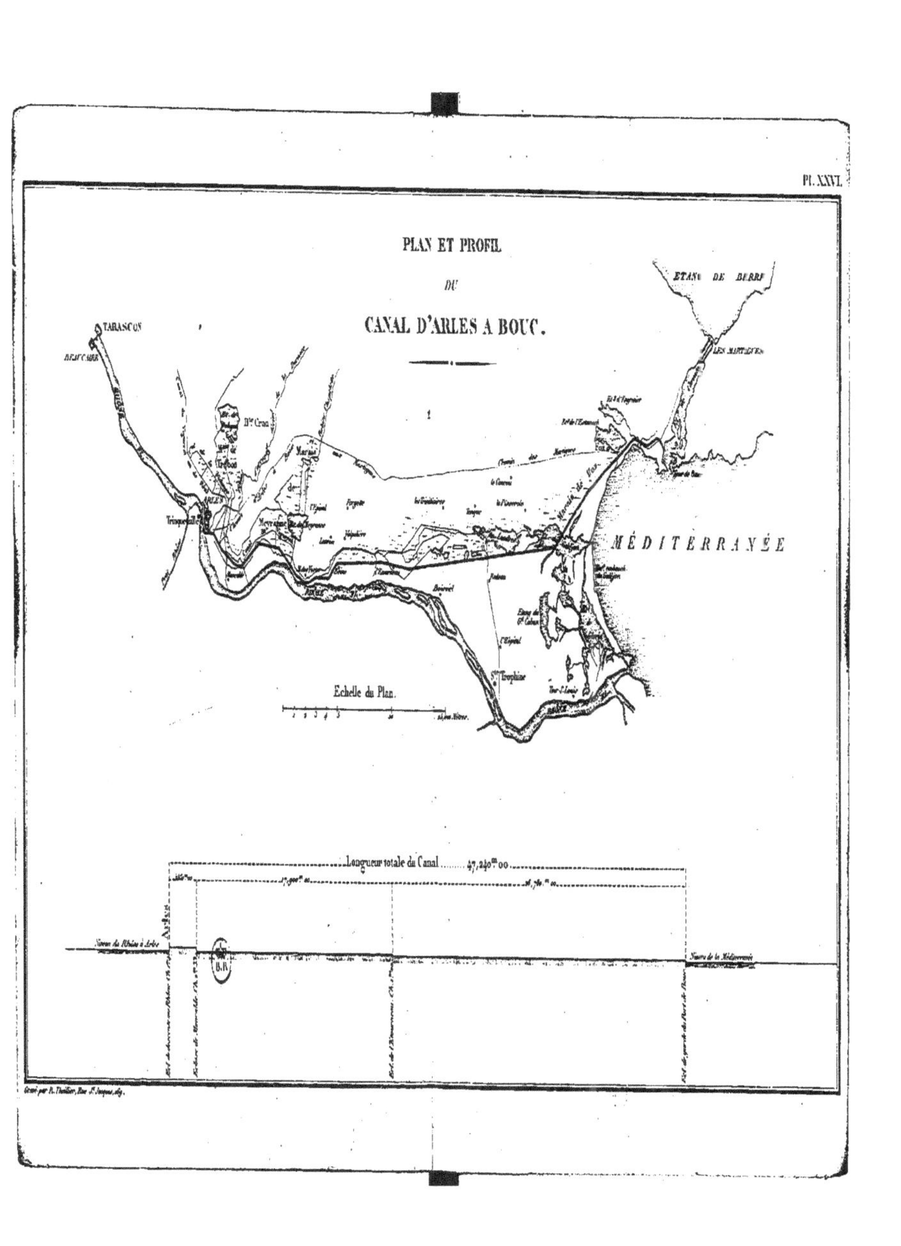

Pl. XXVI.
PLAN ET PROFIL
DU
CANAL D'ARLES A BOUC.
ETANG DE BERRE
TARASCON
BEAUCAIRE
LES MARTIGUES
MÉDITERRANÉE
Echelle du Plan.
Longueur totale du Canal........ 47,240m.00
Niveau du Rhône à Arles
Niveau de la Méditerranée
Gravé par P. Tardieu, Rue S.t Jacques.

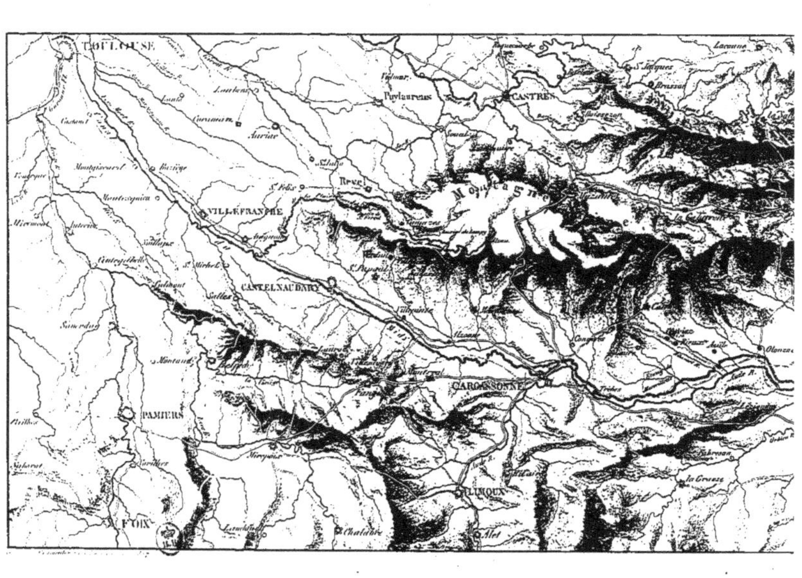

TOULOUSE
Lacaune
Puylaurens
CASTRES
VILLEFRANCHE
Revel
Montagne
CASTELNAUDARY
PAMIERS
CARCASSONNE
FOIX
Mirepoix
LIMOUX
Chalabre
Alet

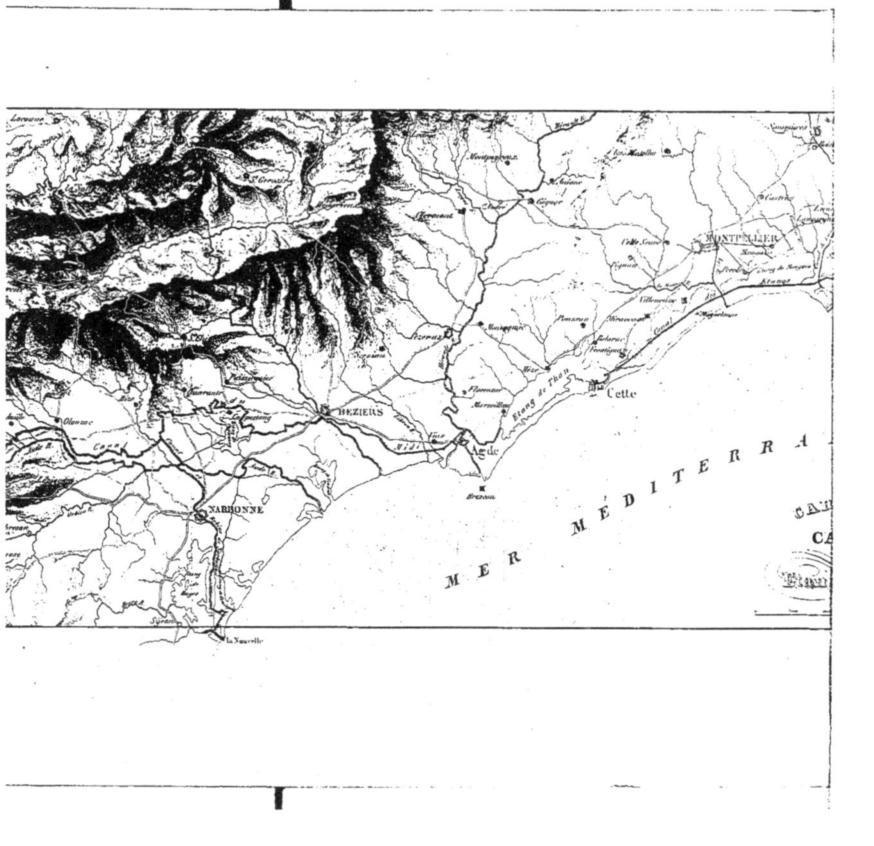

St Gervais
Montpeyroux
Clermont
Pézenas
Servian
BEZIERS
Olonzac
NARBONNE
la Nouvelle
Ag de
Cette
Etang de Thau
Brescou
MONTPELLIER
Canal
Villeneuve
Frontignan
Etangs
Canal du Midi
MER MÉDITERRANÉE

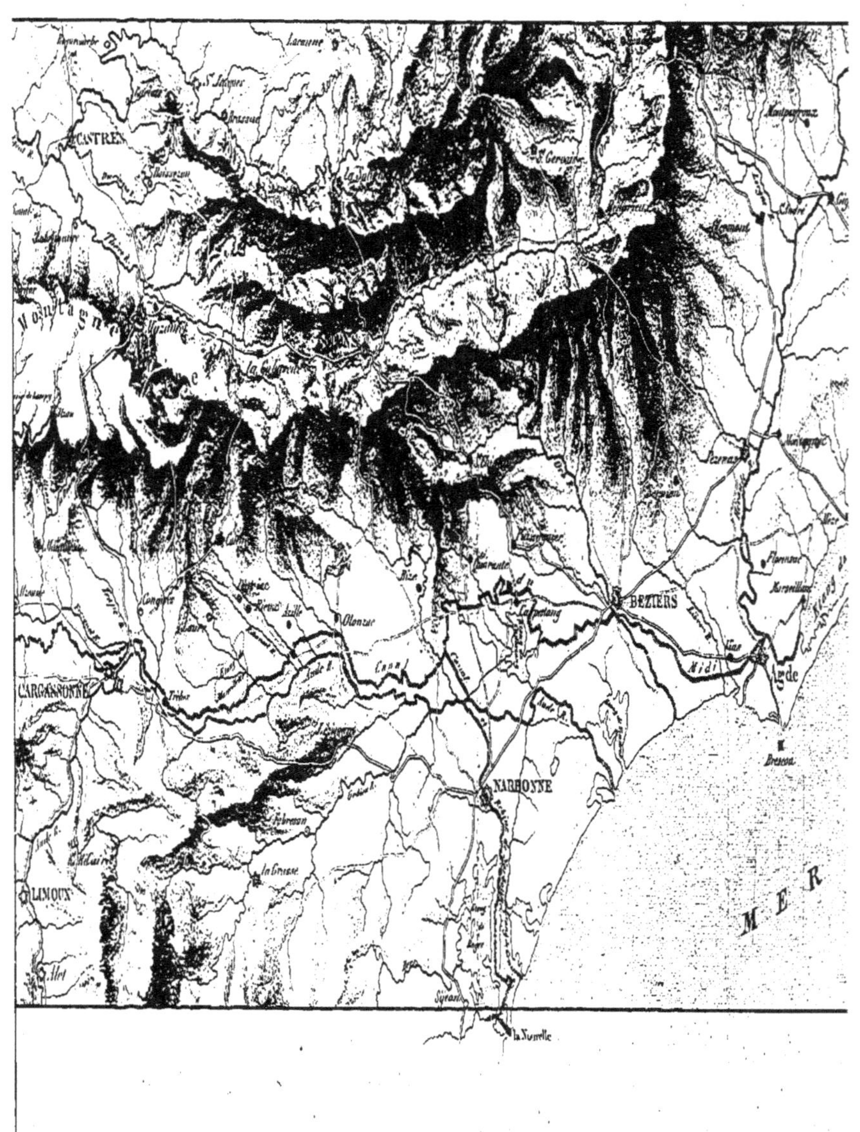

Lacaune
CASTRES
S.t Gervais
Montpezous
Montagne
Minervois
la Clamoux
Alzonne
Conques
Olonzac
BEZIERS
Florensac
CARCASSONNE
Canal du Midi
Agde
Brescou
NARBONNE
Fabrezan
la Grasse
LIMOUX
Alet
Sigean
la Nouvelle
MER

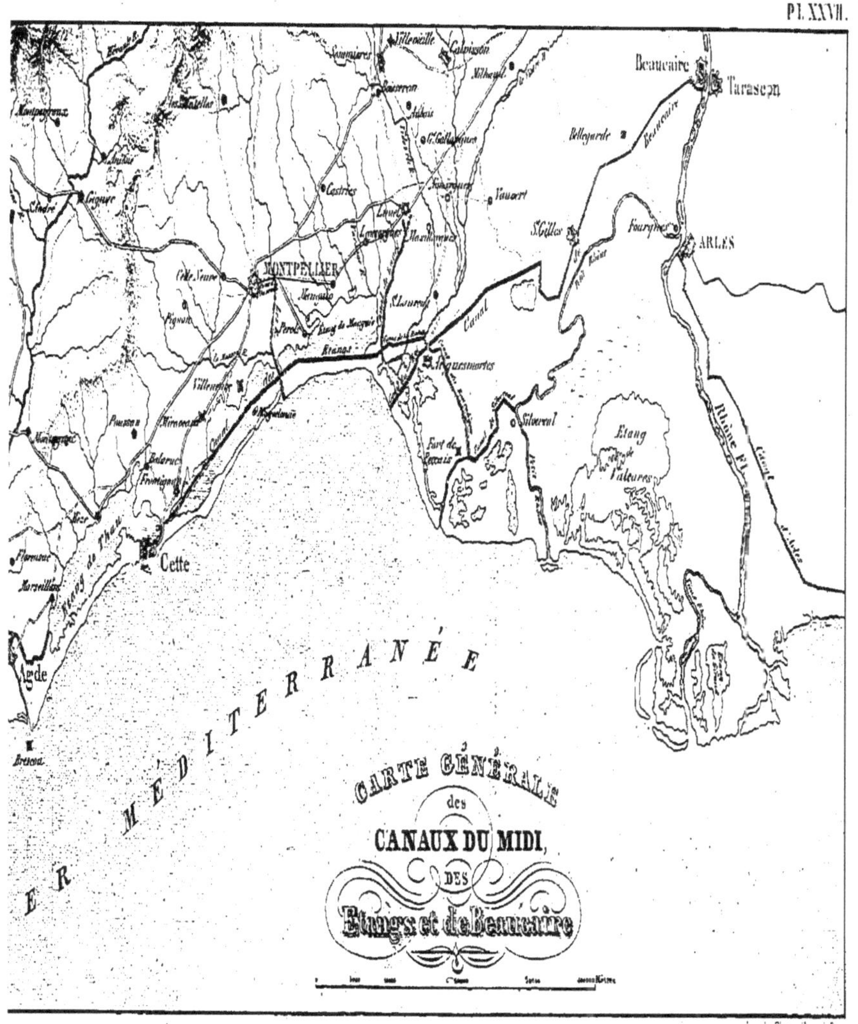
Beaucaire
Tarascon
Villevieille
Calvisson
Sommières
Boisseron
Milhaud
Aubais
S.t Gallargues
Belgarde
Lunel
Vauvert
Castries
S.t Gilles
Fourques
ARLES
MONTPELLIER
S.t Laurent
Canal
Etang
Aiguesmortes
Villeneuve
Silveréal
Etang
Faltares
Cette
Agde
MER MÉDITERRANÉE
CARTE GÉNÉRALE
des
CANAUX DU MIDI,
DES
Etangs et de Beaucaire

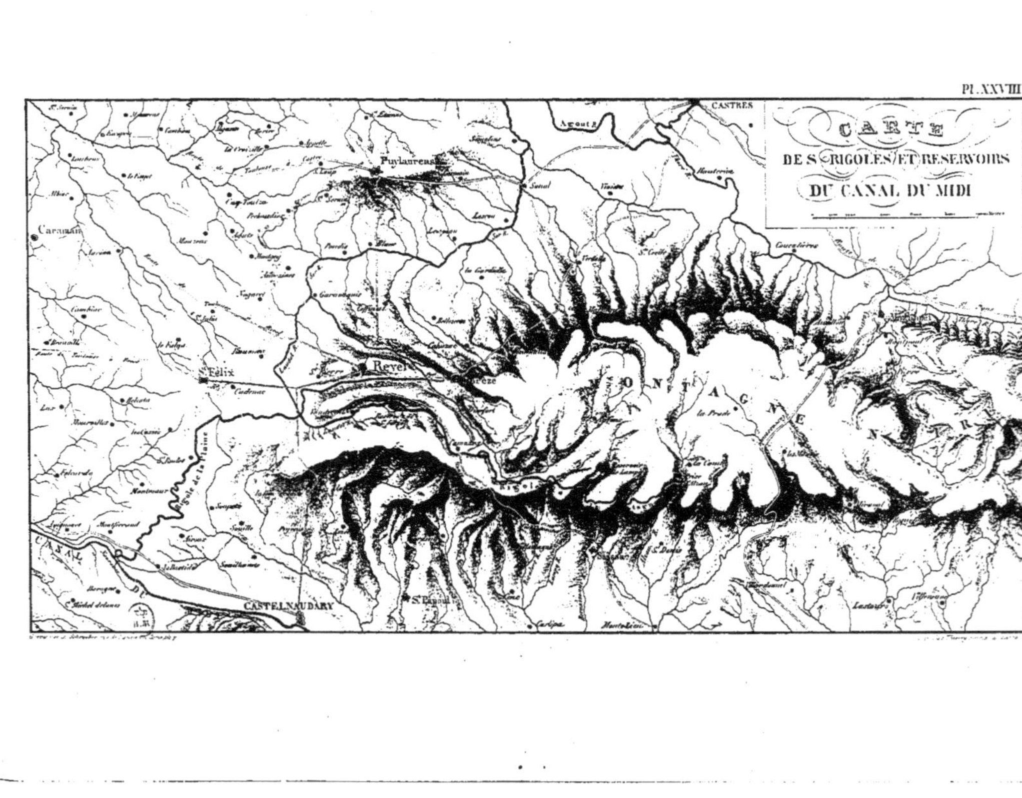

CARTE
DES RIGOLES ET RESERVOIRS
DU CANAL DU MIDI
CASTRES
Agout R.
Puylaurens
Caraman
Félix
Revel
MONTAGNE
CANAL
CASTELNAUDARY
St Paul

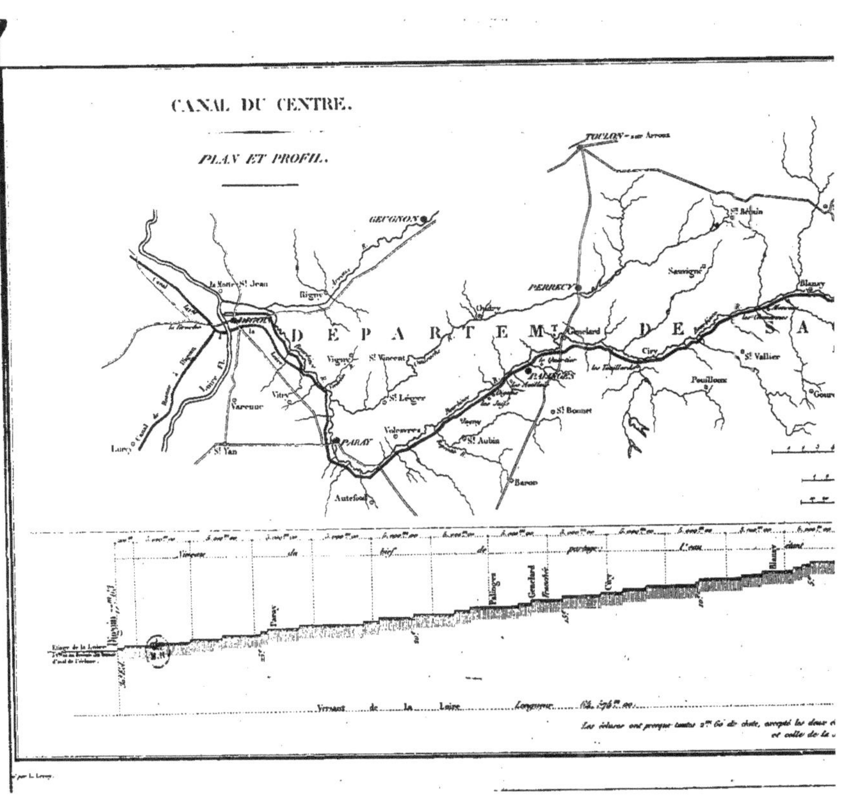

CANAL DU CENTRE.
PLAN ET PROFIL.
TOULON-sur-Arroux
GEUGNON
St Bérain
Sauvigné
PERRECY
Blanzy
la Motte St Jean
Rigny
Ouroux
DÉPARTEM.t DE SA
Digoin
Gueulard
Vigny
St Vincent
Ciry
St Vallier
PASSAGES
St Léger
Pouilloux
Gourd
Vitry
Varenne
St Bonnet
Lucy
Vigny
St Yan
PARAY
Volesvres
St Aubin
Autefosse
Baron
Versant de la Loire
Versant de la Loire

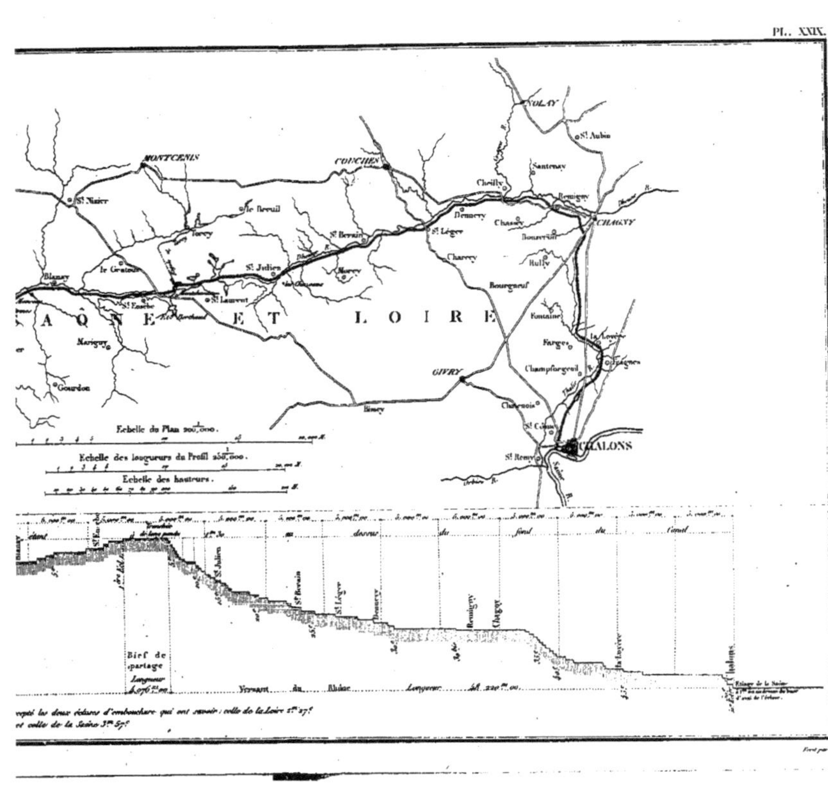
MONTCENIS
COUCHES
VOLAY
St Aubin
Cheilly
Santenay
Remigny
St Berain
St Léger
Chassy
Bouverian
CHAGNY
St Nizier
le Breuil
Torcy
St Julien
Morey
Charrey
Rully
Blanzy
le Gratoui
St Eusebe
St Laurent
Bourgneuf
Fontaine
Marigny
Farges
la Loyère
Givry
Champforgeuil
Oslaignes
Gourdon
Bissy
Charnois
St Cosme
St Remy
CHALONS
Echelle du Plan 200,000.
Echelle des longueurs du Profil 200,000.
Echelle des hauteurs.
Bief de partage
Longueur 4,076.m oo.
Versant du Rhône. Longueur 68,220.m oo.
excepté les deux écluses d'embouchure qui ont savoir: celle de la Loire 2.m 27.
et celle de la Saône 3.m 57.